丛书编委会

主　　编： 杨　宜　张志斌

副 主 编： 范清惠　牛爱芳　楚　天　徐　娟

执行主编： 汪艳丽　李爱国

编　　委： 马　涛　种　霞　唐　昊　杨　咏　李淑琼　赵　晔
刘继萍　吴　南　刘光恩　唐红斌　曹颖娜　杨　扬
刘　畅　韩　澄　王竹宝　杨晓钟　杨　柳　牟　书
郝凤涛　岳从欣　曲　杰　王　琦　王　硕　耿　燚
张菊玲　高　军　王卫民　张　楠　刘海忠　蒋学凤
蔡晓蓓　李冬云

本书编委会

主　　编： 唐红斌　步建军

副 主 编： 朱　艳　王寅博

编　　委： 王培蕾　熊　威　罗奂妹　韦　薇　秦梦旋

动作示范： 张辰璨　陈　昱

U0898701

前　言

近年，北京市小学阶段生源数量呈现明显上升趋势，为破解“入学难”“择校热”“质量不均衡”等难题，提升普通学校办学水平，北京市通过高校、社会力量参与小学体育美育特色发展工作（简称“高参小”），打破高校与小学“关门办学”的“高墙”，促进校际互动，提升教育均衡。截至目前，已有140余所小学与高校、艺术院团和艺术机构、体育俱乐部等构成“对子”，在融合教学、课外活动、互动教研等方面取得了初步成效。

“高参小”项目进一步加强高校与中小学生的联系与合作，帮助中小学开展特色发展和建设，形成向真、向善、向美、向上的育人氛围，形成小学教育质量的新均衡，该项目的开展能够推动和引导义务教育阶段小学音乐、体育、文艺工作科学、有序地发展，帮助中小学在音、体、美等方面构成体系，具备能力，全面提升素质教育的能力、提高学校的办学水平和教育质量，因此具有非常重要的意义。

为进一步深化北京高校、社会力量参与北京市小学体育、美育发展工作内涵，积极推动“高参小”项目深入发展，北京联合大学体育团队通过分析美国学校的体育改革计划的真实案例及百项科学研究成果，对约翰·瑞迪、埃里克·哈格曼在《运动改造大脑》提出的科学理念进行了实践内容的注入，让学生、家长、教师了解到运动不仅能健身、锻炼肌肉，还能锻炼大脑。丹麦葛莱体育学院倡导的“游戏就是生活，让我们打造积极的生活方式”这一教学理念特别适合学前体育和小学体育课程，让孩子在快乐中自发地享受体育运动，为此，北京联合大学体育团队经过开课前深入的调查研究，将最前沿的运动课程与我国小学教学的实际现状进行了合理的调整与融合，通过国内业界顶级教师团队的专项技术与理论优势，推出《快乐艺术体操》《快乐啦啦操》《快乐踏板操》《快乐足球》《快乐体操》五种深受少年儿童喜欢的项目教材。本套教材以“新”“活”“奇”为特点，从学生的接受能力出发，以深入浅出的教学方法，达到培养学生参与体育锻炼、探索和学习体育项目技能兴趣的目的。

未来，北京联合大学体育团队将推出更多优秀体育课程案例与教材，融入北京市教委高校、社会力量参与小学体育、美育发展工作教育教学改革的活动中，让创新的课程设计与小学学生的年龄特点相结合，通过运动塑造学生的心智，让孩子更聪明、更强壮、更快乐、更幸福！

此外，要特别感谢中国体操协会、北京市海淀区体操健美操协会、北京师范大学、北京体育大学、北京农业大学的专家在该套书的编撰过程中给予的大力支持与帮助！

目 录

第一章
快乐踏板操入门

学习目标

快乐踏板操！——了解踏板操的基础知识。
我想参加！——了解开始踏板操的准备事项。
我要参加！——了解踏板操的动作技术要领。

第一节　踏板操基础知识

一、踏板起源

踏板（STEP），踏板操（STEP AEROBIC）。

早在1968年，美国的健身品牌——REBOOK发明了世界第一款踏板器械。当时，这款踏板器械主要供专业人群进行人体心肺功能和肌肉功能训练，特别是在肌肉关节康复时使用。

后来，随着人们对踏板的不断认识和了解，踏板在更大范围内得到了发展及推广，并逐步被引进俱乐部健身团体课程中。由于踏板操动作花样繁多、训练方式新颖、训练效果明显且安全有效，很快就得到了人们的注意和喜爱，于是踏板健身操在全世界迅速风靡起来。

直至今日，踏板操已经成了一门不断翻新且不可或缺的经典健身课程（图1-1）。

图1-1 学生在上踏板操课程

二、踏板器材

根据不同的功能训练特点，出现了很多的踏板形状。但最为普遍的踏板标准尺寸为：长90厘米，宽40厘米，高15厘米。

踏板的高度也可以根据人体的运动水平、踏板技术、膝关节的控制能力而调节使用。

三、踏板操简介

踏板操作为一种健美操的形式成为时尚、安全且有效的减肥塑身方法。其原因就是踏板操是将体能测试中的台阶练习与健美操的基础动作和步法结合起来，放在特制的踏板上完成。因此，它具备了健美操这项运动的所有特点，再加上踏板的高度可以调节，健身者可以根据自身情况保持塑身减肥的有效强度及有效地提高自身运动能力。

另外的原因是踏板器械的稳定性较好，使用高度可依据人体自身能力在可控范围内任意进行调节。踏板操因为有高度变化、安全且具有健美操的所有特点，所以很快被人们认识且推广运用。世界上每一天都有几十万人在跳踏板操，就连国际健美操组织都在每一年定期举办带有竞技色彩的踏板操国际赛事，以此来丰富和推动健美操这项运动。

四、功能特点

在跳踏板操时，人体下肢肌肉和关节直接参与运动。人体在上下踏板的过程中，必须克服重力做功，化学能转化成动能再转化成势能，在这一复杂过程中人体下肢肌肉积极参与运动从而得到锻炼加强。

由于高度调节可以提供不同的强度刺激，所以踏板操能够直接有效地锻炼到人体的下肢肌肉和关节，尤其是针对腿部和臀部的肌肉群进行有效锻炼。

踏板操一般持续一定的时间，人体呼吸系统及血液循环系统都积极参与工作。踏板高度越高、持续时间越久、人体做踏板操的速度越快，对人体心脏和肺部功能的训练效果越佳，长期坚持可以对人体心肺功能进行有效改善和提高。

第二节　练习踏板操的准备事项

一、热身活动及注意事项

（1）踏板要摆放平稳，注意板与底座的连接处摆放入位。

（2）一定要做好热身准备活动，尤其是下肢膝关节、脚踝及小腿肌肉群的准备活动。

（3）注意做踏板操时，膝关节的屈伸控制，要弹动缓冲自然，避免给膝关节过大的压力。

（4）做踏板操时，注意保持良好的人体脊柱生理弯曲，即保持健康优美的运动姿态。

（5）做踏板操时，音乐节奏不要太快。建议：128~138BPM（Beat Per Minute，每分钟的节拍数）。

（6）根据学生的身体控制能力，尤其是对脚踝的控制能力进行运动。一般要求脚跟尽量着板，运动能力和控制能力较好的，可以选择前脚掌着板。

二、认识踏板操基本动作（表1）

表1 踏板操基本动作

中文	英文	节拍数
6步曼波步	Baby mambo	6cts
2次抬膝/侧摆/后屈/前踢	Double knee/side/curl/kick	6cts
绕板走	Walk around	4cts
曼波恰恰绕板	Mambo chachacha cross	6cts
板上板下180度转身	Povit turn	4cts
横向过板	Across	4cts
转身步	V-turn	4cts
板上反转360度	Reverse	4cts
L抬膝	L-knee	8cts
3次抬膝/侧摆/后屈/前踢	Triple knee/side/curl/kick	8cts
2次抬腿绕板	Double knee around	8cts

三、了解踏板的方方面面

图1-2 踏板

（1）踏板前（front）。

（2）踏板侧（side）。

（3）踏板上（top）。

（4）踏板尾端（end）。

（5）踏板边角（corner）。

（6）踏板两边（astride）。

第三节　踏板操动作技术要领

一、技术要领

（一）重心移动

上下板的过渡要流畅。双腿交替用力，将躯干及时向运动方向同步跟进，使身体重心及时、准确地移动。

（二）缓　冲

缓冲技术是踏板操的技术基础。合理的缓冲技术能够保证身体安全，并为完成下一个动作积蓄力量。缓冲可以通过两种途径来实现。

增加缓冲距离：下板时，前脚掌先触地，再过渡到脚跟并配合膝、髋关节的弯曲。

主动腿积极退让：踏板课上经常会出现单腿在板上支撑完成动作的情况，因此大腿前群肌经常在收缩对抗后，马上转入被动拉长的退让做功，这样保证动作的连贯及安全。

（三）控制身体

人体是统一完整的，整体的运动需要身体各部分器官的协调配合。在踏板操中最重要的是腰腹的控制，特别是当身体重心在踏板上时，腰腹的控制能起到固定身体的作用，为下肢完成各种动作打好基础。控制身体的动作要靠相关肌肉的收缩来实现，而肌肉长时间处于紧张收缩状态，必然使肌肉僵化，从而也使整体动作僵化，所以，调整各个部位肌肉的用力强度及时机就显得很有必要。

二、教师需提醒学生注意

（一）基本要求

（1）检查踏板是否摆放稳定。

（2）根据体能调节踏板高度。

（3）强调身体姿态，保持身体平衡。

（4）踏上板时膝关节不可以小于90度。

（5）支撑腿避免过多扭转，膝关节有控制地放松，强调落地缓冲，避免背部过度紧张。

（6）留意上板下板时的准确位置。

（7）不要用力踏上板。

（8）脚尖保持向前，让全脚掌支撑身体的重量。

（9）上板时，全脚掌接触踏板的中央，不要让脚尖和脚跟悬于板的边缘。

（10）下板时，脚尖先着地，然后逐渐让脚跟着地，帮助关节缓冲。

（11）上板时身体重心及时、准确地移动，躯干及时向动作方向跟进，上身避免过度前倾。

（12）在做弓步或重复上下板时，身体的重心要在上板的主力支撑腿上。

（13）提醒学生要和踏板保持适当的距离，避免组合动作和速度转变而造成不必要的受伤。

（14）在做较难动作或动作组合时应避免负重，如哑铃等。

（二）正确的身体姿态

（1）放松膝关节，以便身体放松向前进行全幅度的动作。

（2）确保脊柱与骨盆在运动时互相配合以保持正确姿势。

（3）身体略微前倾。

（4）挺胸收腹抬头，肩膀放松。

课后练习

想一想

1. 踏板操的基本动作有哪些？

2. 开始踏板操之前有哪些注意事项？

练一练

踏板操趣味练习——提高身体素质的小游戏。

力量是任何一项体育运动必备的身体素质。下面介绍几个提高力量素质的练习。想一想如何借助踏板让这些动作更有趣？经常练习，你会大有收获！

动作一：普通俯卧撑练习

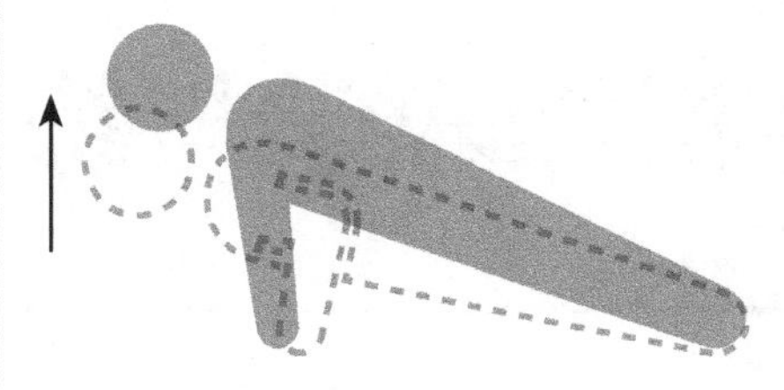

动作二：蛙跳练习

动作三：平板支撑

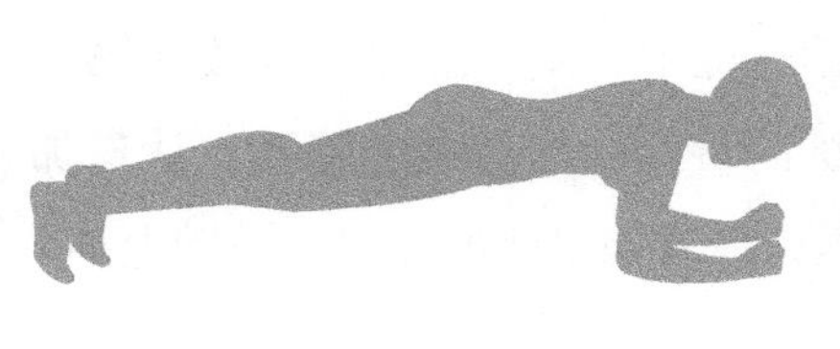

第二章 快乐踏板操教学与练习方法

学习目标

我想要学！——踏板操身体协调性的建立与培养。

我想要跳！——踏板操的基本技术。

我想要听！——乐感与动作节奏的处理。

第一节　踏板操课程安排

在踏板操课程的教学过程中，安全性是始终放在第一位的；其次是科学性，即是否能有效地达到训练的目标；然后是趣味性，让参加者能够在轻松愉快的气氛中不知不觉地完成课程；最后如果能够在以上基础上加入个人风格就更好了。

课程的组成部分：

（1）热身：5~8分钟。

（2）核心部分：30~35分钟。

（3）放松和伸展：5~8分钟。

一、热身注意事项

（1）音乐节奏控制在122～128BPM。

（2）在慢速控制下进行全幅度动作。

（3）低冲击和低强度的动作互相配合。

（4）不宜采取地面伸展。

二、基本部分

（一）初级课程的编排

初级课程的教学方法主要是参照有氧操的教学方法。因为初级课程中有很多是对踏板很陌生的初学者或身体状况不适合大强度大运动量的人，所以在课程内容设置上要考虑到这些人群，尽可能避免节奏太快、移动幅度过大和旋转频繁等难度动作，要进行充分的热身和放松（表2）。

表2 初级课程编排示例

L-knee box step	8cts	R
Double around	8cts	R
Power indecision	8cts	L
Up single	8cts	L

（二）2X8教学

踏板教学过程中经常会遇到6拍、10拍或其他更多2拍倍数的动作，如以6拍动作为例，最佳的是在教学过程中将原动作重复两遍加一个4拍的动作，完成16拍（2×8）或者是在教学的动作之后使用其他6拍的过渡动作再加一个4拍的动作，同样是16拍的教学原理。

（1）Baby mambo+Doubleknee+Basic（过渡动作）或者2×Baby mambo+Single knee（过渡动作）

（2）Half power indecision+Baby mambo+Basic（过渡动作）或者2×Half power indecision+Sit down（过渡动作）

（三）掌控运动负荷

在踏板操的练习中，因为借助踏板进行练习，所以较之平地练习所消耗的能量更多。运动负荷的合理增加也有利于心肺功能的提高。

踏板操可以通过调节踏板高度来调整运动强度。

（四）编　排

（1）由简单组合逐渐转变为复杂和多变的组合，可以在初级组合当中加以方向、移动、旋转、幅度等的变化来增加难度的编排。

（2）从传统有氧操的一些动作中取得灵感，很多地面动作可以运用到踏板操课程中，但要注意避免过多连续转身之类的危险动作。

（3）变化因素：方向、幅度、频率、倍数、风格、强度。

（五）增加强度的方法

（1）提高踏板高度。

（2）改变动作性质。

（3）加快音乐速度。

（4）使用负重器材。

（5）使用不同技巧。

三、放松与整理注意事项

（1）静态伸展是最适合有氧运动的柔韧性练习方法。

（2）小心谨慎地选择柔韧性练习的动作。

（3）要有控制，避免超范围运动。

（4）每个伸展动作至少要维持30秒。

（5）不要过度伸展和锁死关节。

（6）进行伸展时保持深呼吸。

（7）特别注意对下肢肌肉的伸展。

第二节　健身踏板的功能、风格及组织形式

一、健身功能

（1）康复理疗，促进机体恢复。

（2）可对身体体能进行测试。

（3）有助于肌肉力量和肌肉耐力的塑造。

（4）有愉悦心情和锻炼心肺的功能与作用。

二、表演风格

随着健身踏板的不断发展，出现了很多风格的踏板操。

自由风格踏板：有氧踏板、爵士踏板、FUNKY踏板、街舞踏板。

预置套路踏板：动作与音乐配套使用的踏板套路。

三、健身踏板课程的组织形式

（1）单人单板。

（2）单人双板（DOUBLE STEP）。

（3）单人四板（SUPER STEP）。

（4）双人单板。

第三节　踏板操基础动作名称与技术解析

健身踏板（FIT STEP），适用目标人群是普通的健身者，故基础步法及衍生步法变化相对简单。它不追求单独动作的难度和刺激感觉，而是通过教练巧妙的创编，将一系列的踏板基础动作连接组合成一个完整、流畅且适宜有效健身的动作组合套路。

健身踏板所追求的最大效果：套路流畅、素材丰富、安全有效、适宜难度、宣泄情感。

一、踏板操基础动作名称（表3至表6）

表3　踏板基础动作——踏步类

英文名称	中文解释	节拍数	重拍是否换脚（Y/N）
Basic	面对踏板，左右脚分别上板，再下板	4	N
Basic Lunge	上板，左右脚分别做弓步，再下板	8	N
Basic Over	双脚分别上板同时转身180度，经过踏板 再按照同样方向路线返回起始位置	4或8	N
Reverse Basic	双脚分别上板，不经过踏板，原地转身360度	4	N
V step	上板后两脚分立，与下板后的站位点正好形成“V”字	4	N
Grapevine (葡萄藤步）	右脚横向向右迈一步，左脚向后退一步交叉于右脚后，右脚再从侧边迈一步，收回左脚并拢	4	N
Mambo	拉丁的步法之一	4	N
Baby Mambo	mambo 的衍生步法	6	N
L Mambo	mambo	4	N
Box Step	十字步	4	N

表4　踏板基础动作——抬腿类

英文名称	中文解释	英文名称	重拍是否换脚（Y/N）
Knee up	上板膝腿	single knee；double knee； three knee或repeater	Y
Leg curl	后屈腿	single curl；double curl； three curl	Y
Kick	踢腿	single kick；double kick； three kick	Y
Lift	后抬腿	single lift；double lift；three lift	Y
Step touch	Knee up的变形动作		Y

表5　踏板基础动作——跑跳类

英文名称	中文解释	节拍数	重拍是否换脚（Y/N）
Jumping jack	双腿部开合跳	2拍	Y & N
Jogging	小步跑	2拍	N
Skip	弹踢腿	2拍	Y
Fly away		2拍	N

表6　踏板基础动作——点板类（TAP）

英文名称	中文解释	节拍数	重拍是否换脚（Y/N）
Toe Touch	脚尖点板	2拍	Y
Heel Touch	脚跟点板	2拍	Y

二、踏板操基础动作解析

有氧踏板（AEROBIC STEP）是在健身踏板的基础上变化而来的，除了保持所有健美操特点的步法动作之外，更加强调对参与完成有氧踏板队员的综合素质要求。有氧踏板更多用来参加健美操赛事，带有很强的竞技色彩。故开展和参与人群范围与健身踏板（FIT STEP）比起来相对减小。有氧踏板要求在规定时间内充分展现该成品套路的高、新、难、美等特点，大大增强了有氧踏板的观赏性和竞技性。因此有氧踏板要求练习者具有良好的精神面貌和体力来表现教练的编排理念，同时要求队员的基础体能素质一定要好，即速度、力量、耐力、柔韧、平衡、协调反应等综合素质要高。

（一）“A”字步（A-step）

（1）踏板的摆放位置为：竖板放置（straight bench）（图2-1）。

（2）完成该动作需要4拍。

（3）动作完成轨迹就像是在踏板上完成一个“A”字。

（4）练习者面对着踏板，起动脚先行踩在踏板的中间。

（5）另外的脚跟随一起站在踏板的中间（左右脚同时站在踏板上）。

（6）起动脚下板至板的另一侧。

（7）另外一只脚也跟随起动脚下板至板的另一侧。

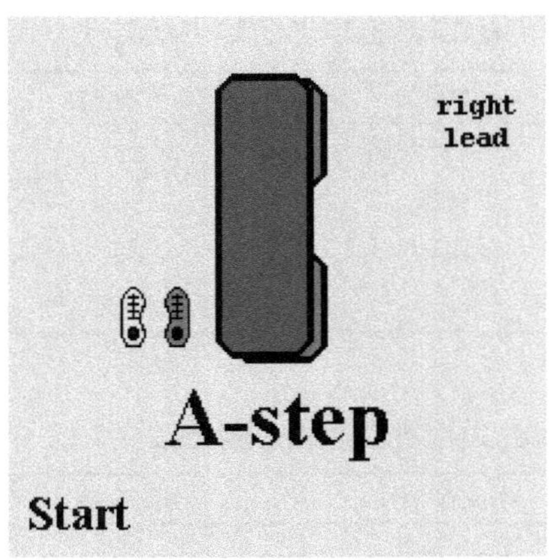

图2-1 “A”字步（A-step）

（二）Basic Right

（1）踏板的摆放位置为：水平摆放（horizontal bench）（图2-2）。

（2）完成该动作需要4拍。

（3）右脚作为起动脚由板前先行上至踏板的中间。

（4）左脚跟随起动脚一起由板前上至踏板的中间（左右脚同时站在踏板上）。

（5）然后起动脚（右脚）由踏板中间下板至板前初始位置。

（6）左脚也跟随右脚从踏板中间下板至板前的位置。

图2-2 Basic Right示意图

（三）Basic Left

（1）踏板的摆放位置为：水平摆放（horizontal bench）（图2–3）。

（2）完成该动作需要4拍。

（3）左脚作为起动脚由板前先行上至踏板的中间。

（4）右脚跟随起动脚一起由板前上至踏板的中间（左右脚同时站在踏板上）。

（5）然后起动脚（左脚）由踏板中间下板至板前初始位置。

（6）右脚也跟随左脚从踏板中间下板至板前的位置。

图2–3 Basic Left示意图

（四）I-step

（1）踏板的摆放位置为：水平摆放（horizontal bench）（图2–4）。

（2）完成该动作需要8拍。

（3）右脚、左脚依次上板，在踏板上完成一个开合跳。

（4）然后右脚、左脚依次下板，在地板上再完成一个开合跳。

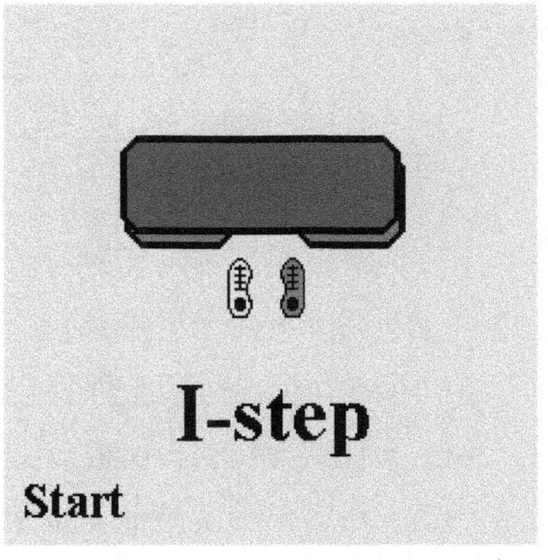

图2–4 I-step 示意图

（五）K-step

（1）踏板的摆放位置为：竖板放置（straight bench）（图2-5）。

（2）完成该动作需要8拍。

（3）练习者站在踏板的侧面位置。

（4）右脚作为起动脚先上板，左脚紧接着上板并脚尖点板。

（5）左脚完成点板的动作，转换成起动脚率先下板，右脚再跟随左脚下板并且点踏地板。

（6）右脚完成点踏地板的动作后，再率先上板，左脚紧接着上板在踏板上完成点板的动作后，再率先下板，右脚紧跟着左脚也下板，双脚回到练习者初始的位置。

（7）动作完成轨迹就像是在踏板上完成一个“K”字。

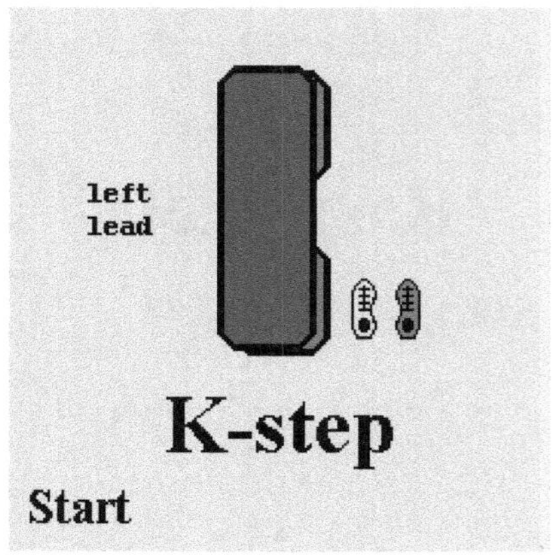

图2-5 K-step示意图

（六）V-step

（1）踏板的摆放位置为：水平摆放（horizontal bench）（图2-6）。

（2）完成该动作需要8拍。

（3）动作完成过程就像是在踏板上完成一个“V”字。

（4）右脚为起动脚由板前上至踏板（落脚点位置尽可能落在踏板的一端）。

（5）左脚跟随由板前上至踏板上（落脚点位置尽可能在踏板的另一端，双脚距离尽可能大）。

（6）右脚再作为起动脚由板上移动至板下。

（7）左脚也紧跟着下板（双腿并拢站于踏板前）。

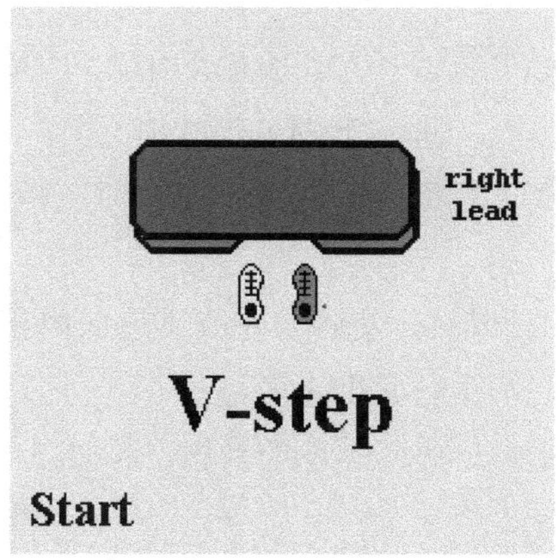

图2-6　V-step示意图

（七）L-step

（1）踏板的摆放位置为：水平摆放（horizontal bench）（图2-7）。

（2）完成该动作需要8拍。

（3）练习者面对踏板，左右脚都可以作为先行起动脚。

（4）右脚为起动脚先上板，左腿做吸腿动作位于空中，左腿接着向板左侧位置移动下板，同时抬起右腿（右腿为空中吸腿的动作）。

（5）然后右脚再次上板，左腿在板上做吸腿的动作。左脚接着率先下板，右脚跟随下板。

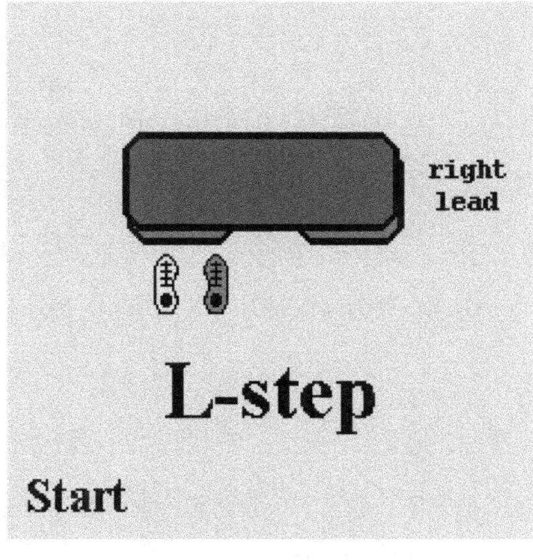

图2-7　L-step示意图

（八）Mambo Cha-Cha-Cha

（1）Mambo Cha-Cha-Cha 是一个组合的动作，由Mambo和Cha-Cha-Cha两个动作组合完成。Mambo 为2拍，Cha-Cha-Cha 为2拍（图2-8）。

（2）起动脚向侧或者向前轻微移动1拍，完成时左脚原地踏步1拍。练习者重心略向前移。

（3）当左脚踏步1拍完成时，右脚与左脚迅速向回移动完成2拍的Cha-Cha-Cha 的步法，髋部加以适当的重心变化动作。

（4）当完成一个Mambo cha-cha-cha的动作，起动脚重拍可自然转换为另外一脚（左脚）。

图2-8　Mambo Cha-Cha-Cha示意图

（九）Y-step

（1）踏板的摆放位置为：水平摆放（horizontal bench）（图2-9）。

（2）完成该动作需要8拍。

（3）右脚为起动脚先上板。起动脚在板上的落点尽可能地在踏板的边缘。左脚为跟随脚紧接着上板，左脚落点同样接近踏板的边缘（此时左右两脚的距离尽可能开立）。

（4）右脚接着向踏板中间移动一拍，左脚也向踏板中间移动一拍（此时两脚同时位于踏板中间）。接着右脚下板，左脚也跟随着下板。最后右脚再上板，左脚也跟随着上板（两脚的落点位置为踏板中间位置）结束。

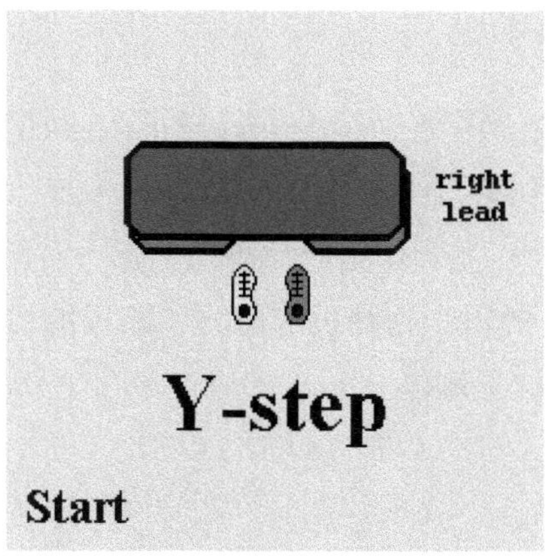

图2-9　Y-step示意图

（十）Z-step

（1）踏板的摆放位置为：水平摆放（horizontal bench）（图2-10）。

（2）完成该动作需要8拍。

（3）在完成Z-step的过程中，它的路线轨迹就像是一个“Z”字的形状：练习者面对踏板，脚下的站位尽量位于踏板的左半边。右脚为起动脚先上踏板，左脚紧接着上板。右脚随后由踏板左侧向踏板右侧横向移动，左脚也横向向踏板右侧移动（双脚都站在踏板的右端）。此时左脚作为起动脚率先向板下斜后45度的方向迈步下板，右脚紧接着也按照同样的方向下板。最后右脚再作为起动脚在地板上横向迈步至踏板前右侧的地板上，左脚也跟着横向移动至踏板前的右侧。

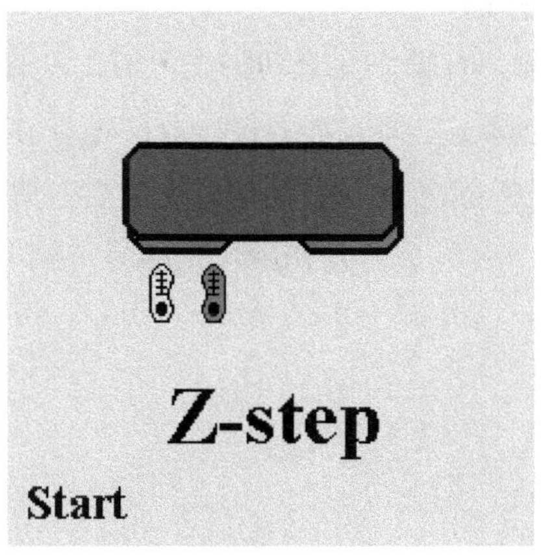

图2-10　Z-step示意图

（十一）Over the Top

（1）踏板的摆放位置为：水平摆放（horizontal bench）（图2–11）。

（2）完成该动作需要4拍。

（3）侧位站在踏板前，左脚作为起动脚先上板，右脚也随之上板（此时左右脚都在踏板上）。然后左脚迈步到踏板的前方（踏板的另一侧），右脚也跟随下板。注意此时练习者的站位是侧位。

图2– 11 Over the Top 示意图

（十二）Indecision

（1）踏板的摆放位置为：水平摆放（horizontal bench）（图2–12）。

（2）完成该动作需要8拍。

（3）侧位站在踏板前，右脚作为起动脚先上板，左脚也随之上板（此时左右脚都在踏板上）。然后右脚、左脚依次下板，分腿站立在踏板的两边（踏板在两腿之间）。接着右脚、左脚依次先后再上踏板。最后右脚、左脚先后下板（此时下板落地的位置在踏板的另外一边，在初始位置的另一侧）。

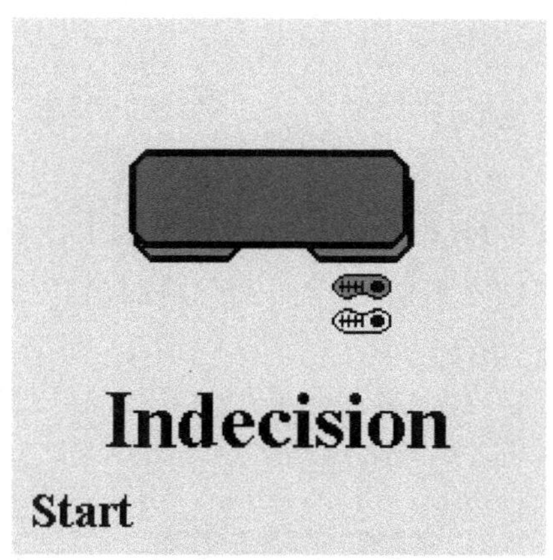

图2-12 Indecision 示意图

（十三）Repeat

（1）踏板的摆放位置为：水平摆放（horizontal bench）（图2-13）。

（2）完成该动作需要8拍。

（3）Repeat 的意思是Repeat Three，就是连续重复吸腿三次的意思。当然也可以做连续踢腿或者连续向后屈腿的动作。

（4）右脚作为起动脚先上板，左腿连续吸腿（左脚尖触地时要轻），第7、第8两拍时，右脚、左脚先后下板回到踏板前的地板上。

图2-13 Repeat 示意图

（十四）Jumping Jack

（1）踏板的摆放位置为：水平摆放（horizontal bench）（图2-14）。

（2）完成该动作需要4拍。

（3）练习者面对踏板，站在地板上（完成Jumping Jack动作时，练习者不需要上踏板，仅在地板上完成）。

（4）第一拍时，双脚同时向外侧跳出落在地板上，双脚间距离大于肩宽。第二拍时，双脚同时向内跳回，双脚落点回到起跳时的位置。第三拍是重复第一拍的动作。第四拍是重复第二拍的动作。

图2–14 Jumping Jack示意图

（十五）Helicopter

（1）踏板的摆放位置为：水平摆放（horizontal bench）（图2–15）。

（2）完成该动作需要8拍。

（3）练习者面对踏板，站在地板上。右脚作为起动脚先上踏板，左腿做吸腿的动作至空中，与此同时，左腿迅速向左转身吸腿过板并落在踏板另一侧的地板上，在踏板上的右脚也跟随下板（此时双脚落地的位置都位于踏板另一边）。最后，右脚仍然作为起动脚率先上踏板，左腿做吸腿动作至空中，然后迅速向右转身过板，返回到踏板前运动的初始位置，右脚也跟随下板，双脚在踏板前并拢。

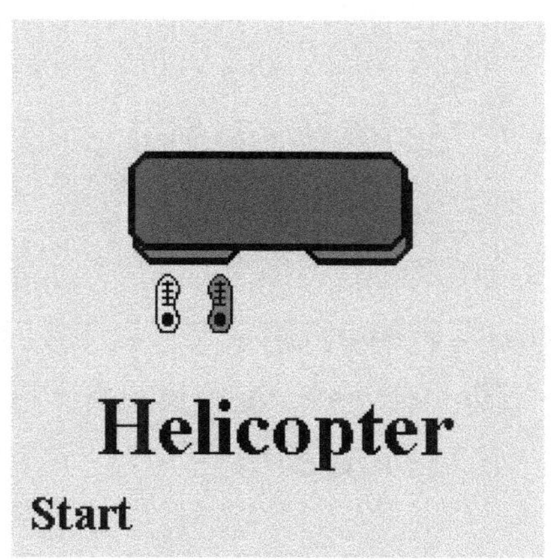

图2–15　Helicopter示意图

（十六）Horseshoe

（1）踏板的摆放位置为：水平摆放（horizontal bench）（图2–16）。

（2）完成该动作需要8拍。Horseshoe的动作过程简单地形容就是“上板转身+分腿+上板转身”。

（3）右脚作为起动脚上踏板，左脚也接着上踏板（此时身体有向右旋转的动作趋势，双脚此时都站在踏板上）。紧接着右脚与左脚先后下板，分腿开立于踏板的两侧（踏板位于两腿之间）。

（4）然后练习者左脚、右脚顺着身体向右旋转的惯性，依次上踏板，然后再由踏板上移动至板下（此时两脚的位置在踏板的另一侧）。

图2–16　Horseshoe示意图

（十七）Reverse Turn

（1）踏板的摆放位置为：水平摆放（horizontal bench）（图2-17）。

（2）完成该动作需要4拍。

（3）练习者站位侧对着踏板，右脚作为起动脚先上踏板，左脚接着上踏板的同时，身体转身180度（此时双脚都站在踏板上，身体背向前方）。然后练习者顺着向左旋转的运动方向，右脚率先下板，左脚也跟着下板，两脚并拢（同样的动作，左脚作为起动脚完成上述的动作过程）。

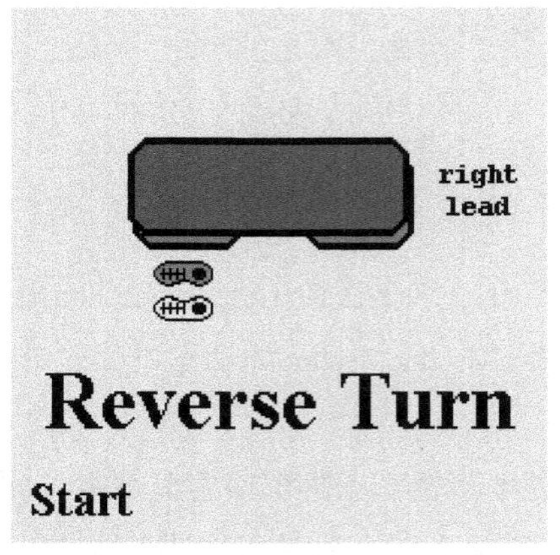

图2-17 Reverse Turn示意图

三、基本步法详细图解

（一）钟摆式摆动

图2-18 钟摆式摆动

动作讲解（图2-18）：

（1）踏步跳起，摆动，摆动，摆动，摆动，踏步向下。

（2）6，5，4，3，2，1，踏步向下。

（3）钟摆式摆动，踏步向下。

（4）双膝放松，挺胸，腹部收紧，小幅摆动，髋部不动。

动作要领：

（1）双腿保持压低。

（2）上半身小幅运动。

（3）摆动横越。

容易出现的错误：

（1）没有保持踏步姿势。

（2）摆动时没有保持挺拔的姿势。

（3）盆骨过度提起倾斜。

（4）摆动过高。

（5）脚没有放到踏板中间踏步。

（6）过于远离踏板。

（7）膝关节紧扣。

（二）轮流膝盖跨板

动作讲解（图2-19）：

（1）上，下，踏步，膝盖。跨板向下，踏步，提膝。

（2）轻轻踏步向下，踏步向高处。

（3）髋部平直，挺胸，膝盖提到髋部高度。

动作要领：

（1）保持身体居中，位于踏板正上方。

（2）向下坐，高高地站立。

（3）双腿不用负重。

（4）腹肌收紧，跨板时膝盖放松。

图2-19　轮流膝盖跨板

容易出现的错误：

（1）没有保持踏板姿势。

（2）没有提膝。

（3）双脚没有放到踏板中间。

（4）腿脚的动作不够利索。

（三）膝盖重复动作

图2-20　膝盖重复动作

动作讲解（图2-20）：

（1）踏步提膝，提膝，提膝，换方向。

（2）踏步，3，2，1，换方向。

（3）后退伸展，脚趾向下，脚跟向上。

（4）整只脚落在踏板上，重心微向前，挺胸，腹部收紧，采用跑步的手臂姿势或者向上伸高过头并拉回来。

动作要领：

（1）保持优异的姿势，慢慢向下坐，提膝。

（2）拉长脊椎，膝盖向上，重心位于支撑腿上方。

（3）膝盖提至髋部高度，膝盖向前，向后推，后脚跟离地，控制双臂。

容易出现的错误：

（1）没有保持踏步姿势。

（2）身体过于弯曲。

（3）脚没有放到踏板中间，腿过于前屈。

（4）身体过于挺直。

（5）脚跟落地。

（6）膝盖和脚的姿势不正确。

（7）手臂动作幅度控制不恰当。

（四）侧蹲腿（单次、两次或三次）

图2-21　侧蹲腿（单次、两次或三次）

动作讲解（图2-21）：

（1）蹲腿向下、向上、向下，换方向。

（2）蹲腿向右，蹲腿向左，两次蹲腿，换方向。

（3）双脚与髋同宽，双脚平行，挺胸，双肩向后。

（4）膝盖与中指在一条线上，核心用力。

（5）保持靠近踏板，双手放到踏板上，采用跑步的手臂姿势。

动作要领：

（1）臀部向后，挺胸。

（2）向后坐，好像坐在椅子上一样。

（3）向下看脚趾，脚趾微抬起，重心向后坐向脚跟。

（4）髋部向后、腹部收紧，髋部微向前转，脊柱伸长，双腿负重。

容易出现的错误：

（1）身体过于挺直或过于弯曲。

（2）膝盖和脚的位置不正确。

（3）双脚过宽或外转。

（4）膝盖过于弯曲。

（5）手臂姿势不恰当或者缺乏控制。

（五）向下蹲腿

图2-22　向下蹲腿

动作讲解（图2-22）：

（1）蹲腿向下，踏步向后；再次蹲腿向下，踏步向后。

（2）跳起蹲腿，踏步向后。

（3）蹲腿向左，蹲腿向右。

（4）双膝在脚趾上方，微向外展。

（5）挺胸，核心用力。

（6）双手放到大腿上。

动作要领：

（1）交错落地，保持膝盖与脚趾在同一条线上。

（2）脚趾略抬起，重心向后落到脚后跟上，双脚稍分开宽一些，臀部向后，挺胸，腹部收紧。

（3）双腿负重，下蹲幅度不要过大。

容易出现的错误：

（1）身体过于挺直或过于弯曲。

（2）膝盖和脚的位置不正确。

（3）双脚分开过宽。

（4）双脚向外打开。

（5）膝盖过于弯曲。

（6）手臂姿势不恰当或者缺乏控制。

（六）蹲腿点地

图2-23　蹲腿点地

动作讲解（图2-23）：

（1）蹲腿点地，改变方向。

（2）蹲腿点地，沿踏板方向运动。

（3）保持踏步姿势，屈膝，保持靠近踏板。

动作要领：

（1）双脚放宽，膝盖与脚趾在一条线上。

（2）坐得低一些，重心向两侧移动。

（3）挺胸，感觉很骄傲。

容易出现的错误：

（1）身体过于前屈。

（2）双脚距离过窄。

（3）膝盖和脚位置不正确。

（4）踏步时离踏板过远。

（5）膝盖过于弯曲。

（七）跳起蹲腿

图2-24　跳起蹲腿

动作讲解（图2-24）：

（1）向上跳，向下蹲腿。

（2）跳起上板，踏步下板。

（3）蹲腿姿势下落。

（4）双脚放宽，膝盖位于脚趾上方，挺胸，收紧腹肌。

动作要领：

（1）交错落地。

（2）保持膝盖与脚趾在同一条线上，脚趾略抬起，重心向后落到脚后跟上。

（3）四头肌负重，沉向双腿，吸收力量，轻柔落地。

容易出现的错误：

（1）身体过度弯曲。

（2）落地时膝盖收紧。

（3）双脚过窄或者过宽。

（4）整只脚或双脚没有落到踏板上。

（5）膝盖和脚的位置不正确。

（6）膝盖过度弯曲。

（八）板上蹲腿

图2-25　板上蹲腿

动作讲解（图2-25）：

（1）踏步上板，两次蹲腿，踏步下板。

（2）踏步放宽，蹲腿向下两次，踏步过板。

（3）双脚放宽，膝盖与脚趾在一条线上。

（4）有力地踏步，腹部收紧。

动作要领：

（1）双脚放宽，膝盖位于脚趾上方。

（2）向后坐，髋部向后，挺胸、展开，稍微提起脚趾，重心向后落向后脚跟。

（3）向下坐，双腿负重。

容易出现的错误：

（1）身体过于弯曲。

（2）重心过于向前。

（3）膝盖和脚的位置不正确。

（4）双脚过宽或过窄。

（九）蹲腿冲击

图2-26 蹲腿冲击

动作讲解（图2-26）：

（1）双脚放宽，屈膝，向后坐。

（2）挺胸，膝盖与脚趾在一条线上，核心用力，脊椎伸长。

（3）小小的冲击。

动作要领：

（1）双腿负重，感觉腿部肌肉在燃烧。

（2）保持向下，脚趾稍微抬起，重心向后位于脚跟上方。

（3）膝盖位于脚趾上方，臀部向后。

容易出现的错误：

（1）身体过于挺直或过于弯曲。

（2）双脚距离过窄或过宽。

（3）膝盖和脚的姿势不正确。

（4）膝盖过于弯曲。

（十）弓　步

图2-27　弓步

动作讲解（图2-27）：

（1）双脚与髋同宽，髋部放平，踏步向后。

（2）后脚跟抬离地面，后腿屈膝朝向地面。

（3）膝盖与中间脚趾在一条线上。

（4）挺胸，核心用力。

动作要领：

（1）后腿膝盖向下多一些。

（2）身体重心均匀地放到双腿上。

（3）感受双腿的负重，重心位于中间，保持与髋同宽，双手在髋部上方。

容易出现的错误：

（1）脊椎没有位于中间、过于向前。

（2）膝盖和脚部位置不正确。

（3）重心在前后腿之间分布不均匀。

（4）膝盖过于弯曲。

（十一）快速跨板

动作讲解（图2-28）：

（1）踏步，下板，上板，下板，上板；下板、下板、上板、上板。

（2）踏步向下，跑上板，小幅度快速通过。

（3）核心收紧，挺胸，背部伸直。

（4）跑步的手臂姿势或者双手放到髋部。

图2-28　快速跨板

动作要领：

（1）膝盖放松。

（2）双脚动作迅速。

（3）保持身体收紧。

（4）双臂动作有力。

容易出现的错误：

（1）没有保持踏步姿势。

（2）对上半身和双臂失去控制。

（3）动作幅度不合适。

（4）脚没有放到踏板中间。

（5）踏步过宽。

（6）双膝紧扣。

（7）跳离踏板而不是踏步下板。

（8）缺少对手臂的控制。

（十二）轮流快速跨板

图2-29　轮流快速跨板

动作讲解（图2-29）：

（1）下板，下板，上板，停住。

（2）小幅度，快速度。

（3）腹肌收紧，挺胸，伸长脊椎。

（4）采用跑步的手臂姿势或者双手放到髋部。

动作要领：

（1）屈膝落地。

（2）轻轻踏步。

（3）保持身体收紧。

（4）双膝不动，保持身体放平。

容易出现的错误：

（1）没有保持踏步姿势。

（2）脚没有放到踏板中间。

（3）重心没有放到踏板上方。

（4）膝关节绷紧。

（5）身体没有放平。

（6）手臂缺少控制。

（十三）快速过板

图2-30　快速过板

动作讲解（图2-30）：

（1）上板，上板，下板，提膝，过板，停住。

（2）快速过板，停住。

（3）保持小幅度动作。

（4）有力地踏步。

（5）双膝放松。

（6）采用跑步的手臂姿态。

动作要领：

（1）屈膝落地。

（2）轻轻踏步下板。

（3）保持身体收紧。

（4）保持靠近踏板。

（5）提膝然后落下。

容易出现的错误：

（1）没有保持踏步姿势。

（2）膝盖绷紧。

（3）跳离踏板。

（4）脚没有放到踏板中间。

（5）踏步离踏板过远。

（6）缺乏对手臂的控制。

（十四）轮流快速停住膝盖

图2-31　轮流快速停住膝盖

动作讲解（图2-31）：

（1）停住，下板，停住，下板，下板，停住。

（2）提膝，换方向；再次提膝，换方向。

（3）腹部收紧，核心用力，姿势挺拔。

（4）屈膝落地。

动作要领：

（1）收紧身体中段，收紧腰部，双脚放松。

（2）保持靠近踏板，双臂用力，停住。

容易出现的错误：

（1）没有保持踏步姿势。

（2）双脚没有位于踏板中间。

（3）身体过于前倾。

（4）踏步离踏板过远。

（5）膝关节扣紧。

四、提　示

有氧踏板操（AEROBIC STEP）基础步法除了上述内容之外，还应该加上健身踏板操（FIT STEP）的一些简单基础步法。只有融合了简单、复杂步法的动作套路，才是真正的优秀踏板操套路。

因为我们不仅是要通过激发学生的潜能来表达踏板的美，更重要的是要在健康、安全的基础上实现对美的追求。因此，在训练、编排动作时要考虑到避免运动员的肌肉和关节受伤这一问题，尽量避免运用很多看似复杂优美但却有损学生身体的步法。

课后练习

练一练

选择一首你喜欢的歌曲或乐曲，按照音乐节拍创编一段时长1分钟的步法组合。

第三章
快乐踏板操成套编排

第一节　快乐踏板操成套编排理论

一、有氧踏板比赛规则简介

（一）参赛人数

参赛人数通常为8人 。

（二）参赛场地

12米×12米。标记带为5厘米宽，标记带为场地的一部分。官方赛事（由国家体育总局主办的比赛）必须使用获得国际体操联合会（FIG）有效认证的健美操比赛地板。

（三）参赛内容

自选套路 、规定套路。

（四）着装仪容

（1）明显区别于竞技健美操的具有表演和观赏性的服饰和符合健美操竞赛规则要求的健美操鞋。

（2）可配适量服装配饰，如飘带、亮片、适宜的设计图案等。

（3）不允许穿着其他项目的服装（如啦啦操裙子、蹦床裤子等）；男女运动员着装应整洁美观。

（4）头发不遮脸，允许化淡妆，不准佩戴任何首饰和手表；运动员不得显露文身。

二、有氧踏板成套创编的要点

（一）成套时间

规定动作的成套时间以原创音乐为准，自选动作的时间为1分30秒±5秒。

计时由第一个可听到的声音开始（不包括提示音），到最后一个可听到的声音结束。

（二）成套音乐

（1）自选成套动作必须配合成套音乐完美地表演，任何适合表现健美操项目特色的音乐风格，均可被采用。

（2）有氧踏板的节奏为130~140BPM。

（3）成套音乐中必须包含明显转换的连续4×8拍第二舞蹈风格的特殊内容。

（三）编排要点

（1）自选有氧踏板的成套中要求始终运用踏板的基本步法表现出运动员使用踏板进行动作的运动能力。成套动作组合以4个8拍为基本单位，综合体现节奏变化、面向转换、复杂多样的板上技术和板下技术。

（2）板上技术主要包括横板穿越、纵板穿越、对角线穿越、板上转体等体现运动员个体运用踏板完成动作的形式；板下技术包括队形转换、穿插流动、动力性配合、换板技巧等通过运动员之间动作和相互关系表现出的团体动作形式。

（3）成套要求不少于5次的队形转换，每次队形中至少保持3个8拍的连续动作形式，其中包括持续1个8拍的人员换位。

（4）成套中要求使用3次以上的不同形式的换板技巧。

（5）踏板的最低规格要求为宽40厘米、长90厘米、高15厘米，踏板表面不允许贴有闪光材料做装饰。

（6）复杂多样的手臂操化动作会成为点缀的亮点，也是配合脚下步法冲击裁判和观众视觉的最有力方法。

三、关于对编排要点的进一步理解和解释

（一）关于4×8拍为一个基本单位的问题

有氧踏板的节奏为130~140BPM，根据选择的音乐节奏不同，创编的成套动作大致应该有30×8拍节左右。

所谓4个8拍为一个编排基本单位就是为了让你清楚且有效地在每一个单位时间内展现出你不同的创编想法和思路。这4个8拍包括变队形和换板的拍节。但这也只是个相对的概念。尤其是对刚开始接触创编有氧踏板的教练们来说，遵循这个规律会让你的创编变得容易些。

完美的编排是创编“了无痕”，即能够感受得到每一个段落，却又是一个流畅完整的整体，让人找不出哪里是开始、哪里是结束。

（二）关于创编时板上技术所指的横板穿越、纵板穿越、对角线穿越、板上转体的理解

踏板操就是充分利用板来做文章，踏板是比赛的一个重要部分。比赛时我们有一半的时间是在踏板上停留来完成动作的。那么如何在板上停留和移动就显得非常重要。横板穿越、纵板穿越、对角线穿越、板上转体都是在方向和路线上强调变化。

举例：横板穿越可以采用踏步类动作穿越，可以采用抬腿类动作穿越，可以采用跳步类动作穿越，也可以运用身体的臀转和滚转来穿越，甚至两种穿越组合连接进行横板穿越。纵板、对角线等穿越及板上转体也是同理。特别强调的是板上的技术运用一定要科学合理，避免造成运动损伤。比如，板上转体一般不超过

360度，转体和穿越的发力阶段和落地阶段都要自然顺畅。

（三）关于板下技术队形转换、穿插流动、动力性配合、换板技巧的理解

队形转换一般指两种：一是人动板不动，二是人板都动。

人动板不动属于队员之间的穿插流动，并不是真正意义上的队形变化，但它会让画面流动起来，会让队员通过交换位置来增强视觉欣赏的效果。人动板不动还有一个更大的优势就是实现起来快速、方便，视觉效果好，而且不用占用太多拍节。比如：人抱着板移动一下将近6~8拍，而人动板不动可以控制在2~4拍内完成。

人板都动是真正意义上的大的队形变化。一个成品套路里至少有5次以上的明显队形变化，也就是我们所说的人板都动。完美的人板都动是人板合一。人在抱着板的过程中准确无误、潇洒熟练地持板、置板，那是一种玩板的状态，就像和自己的舞伴共舞，而绝没有板是工具和累赘的感觉。

关于换板技巧，每人都有自己的创意和理解，横着或竖着抱板，举过头顶持板，单手或双手持板，旋转持板，甚至抛接板，运用双腿、脚尖等肢体配合换板，总之在合适的身体惯性下，在合适的拍节里，做合适的换板技巧，那就是最好的。动力性配合可以在板上和板下完成，这里不再过多讲解。

（四）关于成套踏板动作中5次队形变化需要注意的问题

这5次队形变化指的是人板都动。5次是最低队形变化数量，也可以变化队形多于5次，比如到达7次。变化队形时一定要考虑场地的运用。12米×12米的场地不是简单的小位移队形变化可以走到的，那就要大小结合。比如：大斜线、大三角等队形变化，全面运用场地才不至于失分。或者可以通过大队形中的某几个小队形或者某几个踏板来帮助移动到场地最大范围。

有氧踏板比赛人数是8人，根据这8人可以调整变化出很多队形，比如：大三角形、三个小三角形、两个横排、一个大横排、两个大斜排、一个大斜排、圆形、矩形等等。

总之，每个队形变化都要有特点，避免重复。队形与队形的转化衔接要合理舒畅，避免因位移过大或者队形转化过程中，队员之间相互出现碰撞、掉板等失误。最后强调的是每次队形中至少保持3个8拍的连续动作形式，其中包括持续1个

8拍的人员换位。

有氧踏板教练的编排心得

·“走火入魔”般的编排过程

竞技场上，没有人情，只有最终的作品让人评判。下了多少功夫的套路，都会感受得到。

·先有音乐还是先有动作

先有音乐，后有动作。动作的编排要严格地与音乐化作一个整体。

·5个队形变化

先纸上谈兵，然后确认，再实施编排。

8人比赛中队形变化的时候，可以考虑部分踏板和队员移动，而其他的队员和踏板仍然留在原地。

移动的踏板和队员及原来的踏板和队员组成了一个新的图案和队形，这仍然是新的队形变化，这也是一个很好的方法和捷径。注意，部分留在原地的队员仍然要保持操化和步法的继续完成，这样就是一个整体。

★ 人板都移动。

★ 人动板不动。

★ 部分人板都动。

★ 部分人动，板不动。

·不同层次变化

不在同一个时间：利用队员完成动作时的时间差，制造出视觉的冲击。相差1~4拍是比较常用的。

不在同一个“面”：在人体的水平面、额状面、矢状面进行变化，再加入一些人体的转体和方向变化，甚至几种面同时由不同的队员完成。

不在同一个位置：同样的动作，队员完成的位置和高度不一样。这样看起来也会有层次的变化。

不在完成的同一个动作中：动作素材要丰富，不同队员在相同的节拍上完成不同的动作，会让单位节拍里视觉接受的信息更多，产生更大的冲击。

·手臂操化运用

手臂操化动作占了50%的效果。

手臂关节多，动作变换更为丰富，永远是你冲击裁判视线、吸引裁判和观众注意力的有效“武器”。“腿不够，手来凑”。

脚下步法运动起来的时候，手臂的操化编排一定要考虑身体的惯性，给该步法添加舒服、流畅且符合惯性的手臂动作才是最棒的。

·编排主题

1分30秒（±5秒）的比赛时间里，音乐、动作都是匹配的，包括场上队员的情绪表情，这些都是一个整体来表达教练编排时的情绪。

感染自己再感染别人。也许除了简单的高兴之外，还应该让别人去更深一层次地思考和想象一些事情。

好的编排主题和思想通过动作会给人留下深刻的印象，甚至长久的回忆。一听到那个音乐，一做那个动作，一出现那种移动，就让别人想起你的套路作品，这就是成功的主题渗透。

·踏板套路动作编排的密度控制

比赛时间就是1分30秒（±5秒），在有限的时间内，就必须要充分展示教练的创编思想。那么，动作密度就要尽可能大，动作密度越大信息量就越丰富，这样才有更多的机会去展示和打动裁判及观众。

要强调的是，不管是脚下步法，还是手臂操化动作，一定要素材丰富，多样性要好，尽可能地避免动作的反复使用。就算是同样的动作要重复使用也要考虑其过渡连接要有区别。

·套路编排的完美视觉效果

动作新颖，总要有一些类似“文眼”或“画龙点睛之笔”。

动作过渡连接巧妙，不要过度重复使用某些换位，或者上板和下板的动作连接。

空中地面，前后左右，四处开花，动作素材丰富。

动作展现出的良好层次感，让人视觉永远处于有新鲜感的状态，甚至发出“哇”的感受，而不仅仅是一个“好”的评价。

合适的音乐节奏会让队员发挥得淋漓尽致，且使观众有愉悦的欣赏感受。

·最后总结

有氧舞蹈、有氧踏板包括其他的舞种都不分家，所有的动作素材都可以拿来借鉴和使用，因为都具有健美操特点。

有氧踏板和健身踏板的编排非常考验教练的水平、鉴赏能力以及对素材的积累。

“天下文章一大抄，看你会抄不会抄”。借鉴别人的素材、借鉴别人的思想，就是为了有更高的起飞平台。借鉴不是抄袭，借鉴是为了将来更好地找到自己，实现自己的想法。

第二节　快乐踏板操基本套路学习

一、第一个八拍（图3-1）

1~8拍：左脚起，原地踏步，双手头上按节拍击掌8次。

图3-1　第一个八拍动作

二、第二个八拍（图3-2）

1拍：左脚起，原地踏步，双手头上按节拍击掌。

2拍：原地踏步，双手上举合掌。

3~4拍：左脚起，原地踏步，双手头上按拍击掌。

5~8拍：重复1~4拍动作。

1拍

2拍

3~4拍

图3-2 第二个八拍动作

三、第三个八拍（图3-3）

1~2拍：双脚开立与肩同宽，双手开掌，手心向前，斜上举45度。

3~4拍：双腿并拢，双膝微屈，双手扶膝。

5~8拍：重复1~4拍动作。

1~2拍

3~4拍

图3-3 第三个八拍动作

四、第四个八拍（图3-4）

1~8拍：左脚起，原地踏步，双手头上按节拍击掌8次。

图3-4 第四个八拍动作

五、第五个八拍（图3-5）

1拍：左脚脚尖点板，右手立掌，胸前平举。

2拍：手脚收回，立正站好。

3拍：右脚脚尖点板，左手立掌，胸前平举。

4拍：手脚收回，立正站好。

5~8拍：重复1~4拍动作。

1拍

2拍

3拍

4拍

图3-5 第五个八拍动作

六、第六个八拍（图3-6）

1~2拍：左脚上板做曼波（Mambo），屈臂摆臂。

3拍：左脚踩在板的左侧，屈臂摆臂。

4~5拍：右脚踩在板的右侧，屈臂摆臂。

6拍：右腿提腿屈膝，右手握拳，屈臂放在腰间，左手握拳上举。

7~8拍：下板站立。

1~2拍

3拍

4~5拍

6拍

7~8拍

图3-6 第六个八拍动作

七、第七个八拍（图3-7）

1拍：右脚脚尖点板，左手立掌，胸前平举。

2拍：手脚收回，立正站好。

3拍：左脚脚尖点板，右手立掌，胸前平举。

4拍：手脚收回，立正站好。

5~8拍：重复1~4拍动作。

1拍

2拍

3拍

4拍

图3-7 第七个八拍动作

八、第八个八拍（图3-8）

1~2拍：右脚上板做曼波（Mambo），屈臂摆臂。

3拍：右脚踩在板的右侧，屈臂摆臂。

4~5拍：左脚踩在板的左侧，屈臂摆臂。

6拍：左腿提腿屈膝，左手握拳，屈臂放在腰间，右手握拳上举。

7~8拍：下板站立。

1~2拍

3拍

4~5拍

6拍

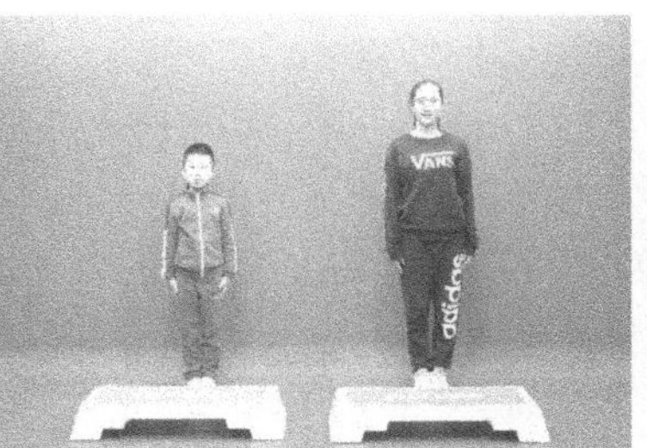

7~8拍

图3-8 第八个八拍动作

九、第九个八拍（图3-9）

1~4拍：曼波（Mambo）两遍，手攥拳，自由摆臂。

5~8拍：重复1~4拍动作。

1拍

2拍

3拍

4拍

图3-9 第九个八拍动作

十、第十个八拍（图3-10）

1~2拍：右脚踩板，双手斜上举，呈花掌手势。

3~4拍：转身下板。

5~6拍：原地踏步4拍。

7~8拍：重复5~6拍动作。

1~2拍

3~4拍

5拍

6拍

图3-10 第十个八拍动作

十一、第十一个八拍（图3-11）

1~2拍：右手斜上举，左手斜下举，双脚开立，呈右侧弓步。

3~4拍：左腿向右腿靠拢并紧，双手贴于双腿两侧，呈立正姿势。

5~6拍：左臂侧上举，右臂侧下举，双脚开立，呈左弓步。

7~8拍：右腿向左腿靠拢并紧，双手贴于双腿两侧，呈立正姿势。

1~2拍

3~4拍

5~6拍

7~8拍

图3-11 第十一个八拍动作

十二、第十二个八拍（图3-12）

1~2拍：右臂侧上举，左臂侧下举，双腿呈右弓步。

3~4拍：左腿向右腿靠紧，双手贴于双腿两侧，呈立正姿势。

5~6拍：左腿迈向左侧呈开合，双手撑在膝盖上方。

7~8拍：右腿向左腿靠拢，双手击掌两下。

1~2拍

3~4拍

5~6拍

7~8拍

图3-12 第十二个八拍动作

十三、第十三个八拍（图3-13）

1~4拍：曼波（Mambo）两遍，手攥拳，自由摆臂。

5~8拍：重复1~4拍动作。

1拍

2拍

3拍

4拍

图3-13 第十三个八拍动作

十四、第十四个八拍（图3-14）

1~2拍：左脚踩板，双手斜上举，呈花掌手势。

3~4拍：转身下板。

5~6拍：原地踏步4拍。

7~8拍：重复5~6拍动作。

1~2拍

3~4拍

5拍

6拍

图3-14 第十四个八拍动作

十五、第十五个八拍（图3-15）

1~2拍：左臂侧上举，右臂侧下举，双脚开立，呈左弓步。

3~4拍：右腿向左腿靠拢并紧，双手贴于双腿两侧，呈立正姿势。

5~6拍：右臂侧上举，左臂侧下举，双脚开立，呈右弓步。

7~8拍：左腿向右腿靠拢并紧，双手贴于双腿两侧，呈立正姿势。

1~2拍

3~4拍

5~6拍

7~8拍

图3-15 第十五个八拍动作

十六、第十六个八拍（图3-16）

1~2拍：左手斜上举，右手斜下举，双脚开立，呈左弓步。

3~4拍：右腿向左腿靠紧，双手贴于双腿两侧，呈立正姿势。

5~6拍：右腿迈向右侧呈开合，双手撑在膝盖上方。

7~8拍：左腿向右腿靠拢，双手击掌两下。

1~2拍

3~4拍

5~6拍

7~8拍

图3-16 第十六个八拍动作

十七、第十七个八拍（图3-17）

1拍：右脚踏在板的中央，双手正常摆臂。

2拍：左脚踏在板的左侧，双手正常摆臂。

3拍：右脚踏在板的右侧，双手正常摆臂。

4拍：左脚踏在板的左侧，双手正常摆臂。

5~6拍：左臂伸直举至侧上方45度，右脚尖点板。

7~8拍：右臂伸直举至侧上方45度，左脚尖点板。

1拍　2拍　3拍

4拍　5~6拍　7~8拍

图3-17 第十七个八拍动作

十八、第十八个八拍（图3-18）

1拍：左臂伸直举至侧上方45度，右脚尖点板。

2拍：右臂伸直举至侧上方45度，左脚尖点板。

3拍：左臂伸直举至侧上方45度，右脚尖点板。

4拍：右臂伸直举至侧上方45度，左脚尖点板。

5拍：右脚踏步下板，双手正常摆臂。

6拍：左脚下板，双手正常摆臂。

7拍：右脚踏步，双手正常摆臂。

8拍：立正站直于板的正前方，双手贴于裤缝。

1拍　　2拍　　3拍

4拍

5拍

6拍

7拍

8拍

图3-18 第十八个八拍动作

十九、第十九个八拍（图3-19）

1~4拍：端坐板上。

5~6拍：双手扶板，双腿伸直分开。

7~8拍：屈腿并拢，端坐板上。

1~4拍

5~6拍

7~8拍

图3-19 第十九个八拍动作

二十、第二十个八拍（图3-20）

1~2拍：双手扶板，双腿伸直分开。

3~4拍：屈腿并拢，端坐板上。

5~8拍：双腿交换屈伸。

1~2拍

3~4拍

5~8拍

图3-20 第二十个八拍动作

二十一、第二十一个八拍（图3-21）

1~2拍：双手撑板，身体挺直，右腿屈膝支撑，左腿伸直。

3~4拍：屈腿并拢，端坐板上。

5~6拍：双手撑板，身体挺直，左腿屈膝支撑，右腿伸直。

7~8拍：屈腿并拢，端坐板上。

1~2拍

3~4拍

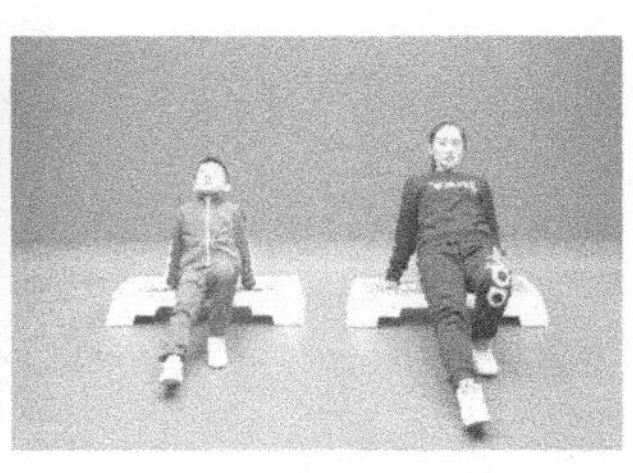
5~6拍

7~8拍

图3-21 第二十一个八拍动作

二十二、第二十二个八拍（图3-22）

1~2拍：双手撑板，身体挺直，右腿屈膝支撑，左腿伸直。

3~4拍：屈腿并拢，端坐板上。

5~8拍：转至踏板左边缘，双腿伸直并拢。

1~2拍

3~4拍

5~8拍

图3-22 第二十二个八拍动作

二十三、第二十三个八拍（图3-23）

1~8拍：按节拍上下依次打腿。

图3-23 第二十三个八拍动作

二十四、第二十四个八拍（图3-24）

1~7拍：按节拍交叉打腿。

8拍：双腿伸直并拢，双手扶板边缘。

1~7拍

8拍

图3-24 第二十四个八拍动作

二十五、第二十五个八拍（图3-25）

1拍：双腿屈膝并拢。

2~3拍：右手扶膝准备站起。

4~6拍：右脚向斜前方跨步。

7~8拍：回归标准站姿。

1拍

2~3拍

4~6拍

7~8拍

图3-25 第二十五个八拍动作

二十六、第二十六个八拍（图3-26）

1~7拍：逆时针跑跳步（先起左脚），双手握拳在腰间自由摆臂。

8拍：双脚呈立正姿势，双手握拳贴在腰间。

1~7拍

8拍

图3-26 第二十六个八拍动作

二十七、第二十七个八拍（图3-27）

1~8拍：双手内扣，由弯曲向上推直，双脚并紧向上跳，连续4次。

1拍、3拍、5拍、7拍　　2拍、4拍、6拍、8拍

图3-27 第二十七个八拍动作

二十八、第二十八个八拍（图3-28）

1~4拍：左臂斜上举，右手撑在膝盖上方，双腿开立，呈左腿侧弓步。

5~8拍：双臂上举击掌，双腿并拢，面朝右侧。

1~4拍　　5~6拍

图3-28 第二十八个八拍动作

二十九、第二十九个八拍（图3-29）

1~7拍：双臂侧下举，身体前倾45度，膝盖微蹲，原地顺时针转一圈。

8拍：面朝前呈立正姿势。

1~7拍

8拍

图3-29　第二十九个八拍动作

三十、第三十个八拍（图3-30）

1~2拍：左脚踩板，右脚离开地面，落在板右侧，双手握拳在腰间自由摆臂。

3拍：左脚踩板，右脚离地，双手握拳在腰间自由摆臂。

4拍：右脚落地，双手自然下垂。

5~6拍：双手击掌至前举，双腿微微下蹲。

7~8拍：双臂自然下垂，右腿伸直站立。

1拍

2拍

3拍

4拍

5~6拍

7~8拍

图3-30　第三十个八拍动作

三十一、第三十一个八拍（图3-31）

1~2拍：双手击掌向上至前举，双腿微微下蹲。

3~4拍：双臂自然下垂，右腿伸直站立。

5~6拍：左臂侧上举，右臂侧下举，左脚踩板，右脚离地。

7拍：双臂自然下垂，右脚落回左脚后方。

8拍：左脚回收呈立正姿势。

1~2拍　3~4拍　5~6拍

7拍　8拍

图3-31 第三十一个八拍动作

三十二、第三十二个八拍（图3-32）

1~2拍：右脚踩板，蹬板使左脚离开地面，落在板左侧，双手握拳在腰间自由摆臂。

3拍：右脚踩板，左脚离地，双手握拳在腰间自由摆臂。

4拍：左脚落地双手自然下垂。

5~6拍：双手击掌向上至前举，微微下蹲。

7~8拍：双臂自然下垂，左腿伸直站立。

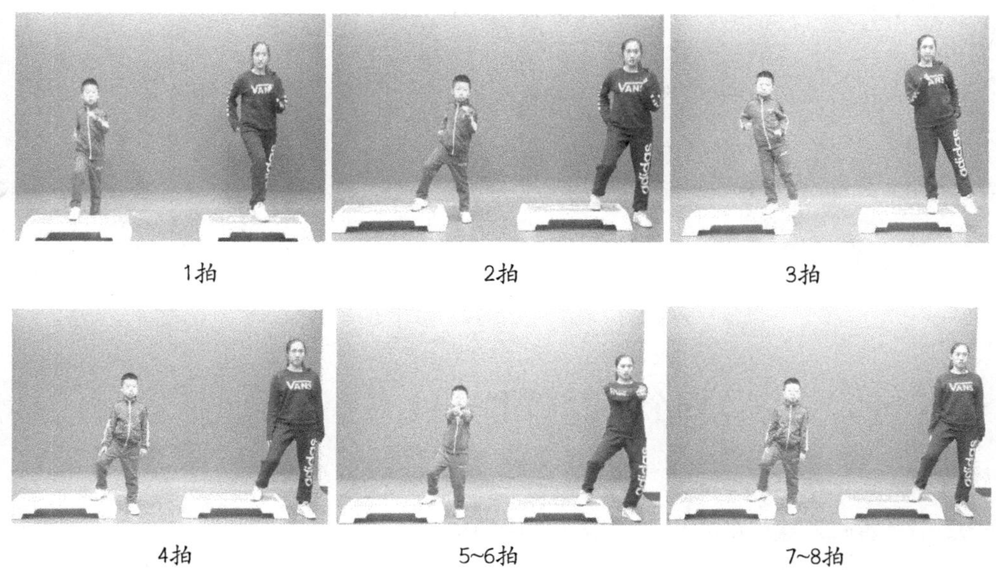

1拍　2拍　3拍

4拍　5~6拍　7~8拍

图3-32 第三十二个八拍动作

三十三、第三十三个八拍（图3-33）

1~2拍：双手击掌向上至前举，双腿微微下蹲。

3~4拍：双臂自然下垂，左腿伸直站立。

5~6拍：右臂侧上举，左臂侧下举，右脚踩板，左脚离地。

7拍：双臂自然下垂，左脚落回右脚后方。

8拍：右脚回收呈立正姿势。

1~2拍　3~4拍　5~6拍

图3-33 第三十三个八拍动作

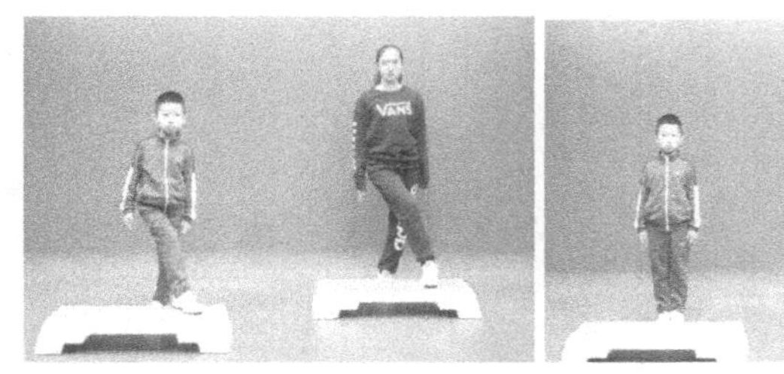

7拍　　8拍

图3-33 第三十三个八拍动作（续）

三十四、第三十四个八拍（图3-34）

1拍：立正站直。

2拍：右脚踏在板的左侧，双臂屈肘胸前交叉。

3拍：左腿斜下45度，左臂并掌侧下45度，右臂并掌侧上45度。

4拍：左腿撤回地面，右脚踩踏板，双手向下贴于裤缝。

5拍：立正站直，双手贴于裤缝。

6拍：左脚踏在板的右侧，双臂屈肘胸前交叉。

7拍：右腿斜下45度，右臂并掌侧下45度，左臂并掌侧上45度。

8拍：立正站直，双手贴于裤缝。

1拍

2拍

3拍

4拍

5拍

6拍

图3-34 第三十四个八拍动作

7拍

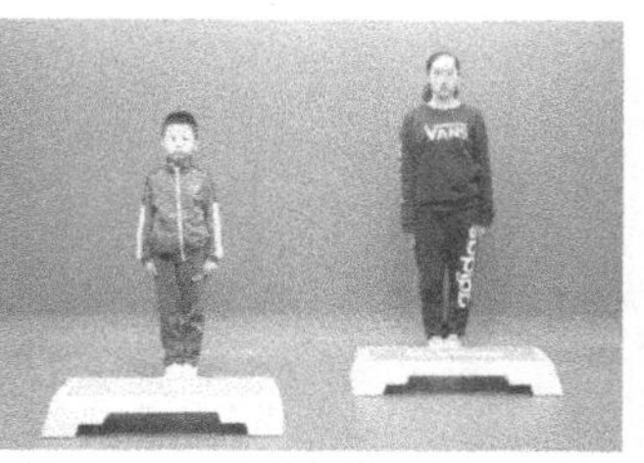

8拍

图3-34 第三十四个八拍动作（续）

三十五、第三十五个八拍（图3-35）

1拍：立正站直。

2拍：右脚踏在板的左侧，双臂屈肘胸前交叉。

3拍：左腿斜下45度，左臂并掌侧下45度，右臂并掌侧上45度。

4拍：左腿撤回地面，右脚踩踏板，双手垂直向下贴于裤缝。

5拍：立正站直，双手贴于裤缝。

6拍：左脚踏在板的右侧，双臂屈肘胸前交叉。

7拍：右腿斜下45度，右臂并掌斜下45度，左臂并掌斜上45度。

8拍：立正站直，双手贴于裤缝。

1拍

2拍

3拍

4拍

5拍

6拍

图3-35 第三十五个八拍动作

7拍

8拍

图3-35 第三十五个八拍动作（续）

三十六、第三十六个八拍（图3-36）

1拍：右脚踩在板左侧，右手握拳屈臂放在腰间，左手握拳前平举。

2拍：左腿提腿屈膝，左手握拳屈臂放在腰间，右手握拳前平举。

3拍：左脚后撤踩地，右手握拳屈臂放在腰间，左手握拳前平举。

4拍：立正站好，双手握拳屈臂放在腰间。

5拍：左脚踩在板右侧，左手握拳屈臂放在腰间，右手握拳前平举。

6拍：右腿提腿屈膝，右手握拳屈臂放在腰间，左手握拳前平举。

7拍：右脚后撤踩地，左手握拳屈臂放在腰间，右手握拳前平举。

8拍：立正站好，双手握拳屈臂放在腰间。

1拍

2拍

3拍

4拍

5拍

6拍

图3-36 第三十六个八拍动作

7拍

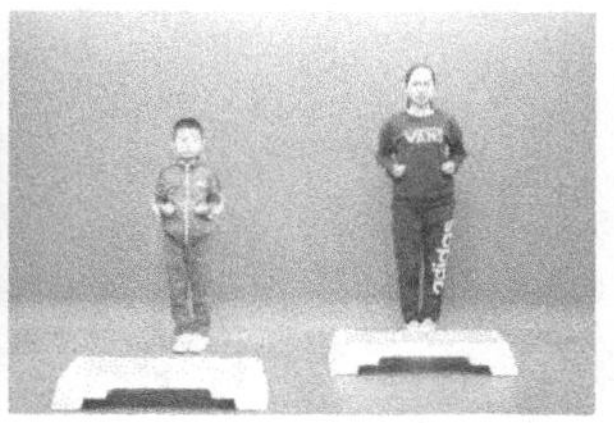
8拍

图3-36 第三十六个八拍动作（续）

三十七、第三十七个八拍（图3-37）

1拍：右脚踩在板左侧，右手握拳曲臂放在腰间，左手握拳前平举。
2拍：左腿提腿屈膝，左手握拳屈臂放在腰间，右手握拳前平举。
3拍：左脚后撤踩地，右手握拳屈臂放在腰间，左手握拳前平举。
4拍：立正站好，双手握拳屈臂放在腰间。
5拍：左脚踩在板右侧，左手握拳屈臂放在腰间，右手握拳前平举。
6拍：右腿提腿屈膝，右手握拳屈臂放在腰间，左手握拳前平举。
7拍：右脚后撤踩地，左手握拳屈臂放在腰间，右手握拳前平举。
8拍：立正站好，双手紧贴裤缝。

1拍

2拍

3拍

4拍

5拍

6拍

图3-37 第三十七个八拍动作

7拍　　8拍

图3-37 第三十七个八拍动作（续）

三十八、第三十八个八拍（图3-38）

1~2拍：双脚并拢，双手身前交叉。

3~4拍：双腿开立与肩同宽，双手并掌侧上举。

5~6拍：双腿开立与肩同宽，双手并掌侧下展。

7~8拍：面朝两点钟方向，左腿弓步，左手自然下垂，右手花掌侧上举。

1~2拍

3~4拍

5~6拍

7~8拍

图3-38 第三十八个八拍动作

※规定套路动作到此结束。

第四章
快乐踏板操教学文件的编写

第一节　踏板操教学大纲编写范例

踏板操教学大纲（范例一）

一、课程简介

踏板操是一项新兴的运动项目，是集健美操、舞蹈、音乐及各种技巧动作于一体的集体韵律操，注重激情、活力和团队精神。踏板操超越健身操范畴，追求最棒的舞蹈展示动作。踏板操分为有氧踏板操和竞技踏板操两大类。其中，竞技踏板操以借助踏板完成空中翻腾、托举、搭金字塔等惊险、刺激的表演而极具观赏性，舞蹈风格多样。踏板操主要通过团队的合作团结、积极向上、勇于拼搏的精神，去追求一种集体荣誉，形成一种团队精神。它还是一项促使人们敞开心扉、让人感动的运动，它强调每一个位置的重要性，让每个人都能感受到他是队伍中重要的一份子，使集体中的每个人都拥有同样的目标：通过踏板操运动，可以形成独特的校园文化。

本课程主要讲授踏板操运动的基本理论知识、技术动作、创编原则和竞赛规则，介绍踏板操运动在国际和国内的起源与发展趋势。

二、教学目标和要求

1. 通过本门课程的学习，使学生初步了解踏板操的起源、发展和历史，掌握踏板操的基本理论、基本技术和基本技能，掌握动作编排的基本原则，培养学生的表演能力与身体协调性；在踏板操教学过程中，结合专项的特点，培养学生的合作意识和团队精神，享受集体荣誉的快乐。

2. 提高理论教学质量，加强理论与实践的结合，让学生学有所用，并重点普及踏板操在小学体育教育中的应用。

三、教学重点和难点

重点：学习踏板操的基本动作、不同类型的踏板操步法组合与套路及科学锻炼方法，参加踏板操编排实践。通过踏板操成套考核，完成踏板操的若干编排任务，锻炼学生的创新能力，以增进身体健康，提高心理健康水平，增强社会适应能力，获得体育与健康知识和技能为目的。

难点：在教学实践过程中，注意不断更新教学内容，改进教学方法，探索适合我校学生的新思路、新方法。

四、教学内容、形式和时数分配

<table>
<tr><th colspan="3">教学内容</th><th>教学形式</th><th>学时分配/学期</th><th>备注</th></tr>
<tr><td rowspan="5">第一学期</td><td>理论课</td><td>1. 体育的概念与功能
2. 上课基本要求和规则
3. 踏板操运动简介</td><td>讲授</td><td>4</td><td></td></tr>
<tr><td>实践课</td><td>1. 踏板操的基本动作
2. 踏板操步法组合</td><td>讲授</td><td>20</td><td></td></tr>
<tr><td>身体素质</td><td>力量、耐力、柔韧等素质</td><td>讲授</td><td>4</td><td>随堂练习</td></tr>
<tr><td>考核、机动</td><td>考试与补缺补差</td><td></td><td>6</td><td></td></tr>
<tr><td colspan="2">学时合计</td><td></td><td>34</td><td></td></tr>
<tr><td rowspan="5">第二学期</td><td>理论课</td><td>1. 不同风格组合基本要领
2. 踏板操编排原则及竞赛规则</td><td>讲授</td><td>4</td><td></td></tr>
<tr><td>实践课</td><td>1. 规定套路学习
2. 踏板操的编排</td><td>讲授</td><td>20</td><td></td></tr>
<tr><td>身体素质</td><td>专项素质</td><td>讲授</td><td>4</td><td>随堂练习</td></tr>
<tr><td>考核、机动</td><td>考试与补缺补差</td><td></td><td>6</td><td></td></tr>
<tr><td colspan="2">学时合计</td><td></td><td>34</td><td></td></tr>
<tr><td colspan="3">总计</td><td></td><td>78</td><td></td></tr>
</table>

五、教学大纲内容

（一）理论部分

1. 基础理论

（1）体育的概念与功能。

（2）踏板操运动损伤产生的原因及预防。

（3）学校体育工作概况及体育课有关规定。

2. 专项理论

（1）踏板操概述。

（2）有氧踏板操和竞技踏板操的发展趋势。

（3）有氧踏板操基础知识。

（4）竞技踏板操基础知识。

（5）踏板操创编原则。

（6）踏板操竞赛规则简介。

（二）实践部分

1. 基本技术

（1）基本动作：① 基本手臂动作；② 基本下肢动作。

（2）踏板操规定套路动作。

（3）学生自编踏板操动作。

要求：学生充分利用所学的知识，严格按照创编原则进行编排，充分发挥集体想象力和创造力，鼓励队形创新。

2. 身体素质

（1）专项身体素质：① 柔韧练习；② 控制练习；③ 力量练习；④ 协调灵巧练习；⑤ 耐力练习；⑥ 爆发力练习。

（2）基本身体素质：“C”跳、分腿跳、大踢腿。

六、考核的内容、方法及评分标准

（一）第一学期

1. 成绩评定分值结构

（1）理论知识：10分。

（2）身体素质：10分。

（3）平时成绩：20分。

（4）技术部分：60分。

2. 考核内容与评分标准

（1）理论知识：10分。

（2）身体素质：10分。

测试学生握力与体重，计算该学生握力体重指数，即：

握力体重指数=握力（公斤）/体重（公斤）×100

评分标准见下表：

成绩	74	67	60	51	40	39	38	36	34	32
得分	10	9	8	7	6	5	4	3	2	1

（3）平时成绩：20分。

从学生上课出勤情况与学习态度两方面进行综合评分。学习态度指学生课堂表现是否积极、认真以及学习进步程度情况；出勤情况评分标准为迟到一次扣2分，早退一次扣3分，旷课一次扣5分，扣完平时成绩分数为止。

（4）技术部分： 60分。具体评分标准如下。

① 踏板操规定套路评分标准：40分。

36~40分：整体表演流畅、主题鲜明，有朝气、有特色，动作表演到位、有力度，表演有很强的感染力和震撼力。

32~35分：整体动作表演比较流畅，节奏感较强，表现力较好。

28~31分：动作表演不流畅，节奏感不强，感召力一般。

24~27分：能独立完成全套动作。

23分以下：不能独立完成全套动作。

② 学生自编动作评分标准：20分。

18~20分：全套动作顺利、流畅，整体协调性强，动作一致，节奏感强，感召力强，动作规范，符合踏板操队形创编的技术性原则，合理利用所学知识。

16~17分：全套队形编排顺利、流畅，整体协调性较强，符合踏板操的技术性原则。

14~15分：符合踏板操队形编排的技术性原则，能顺利完成全套动作，动作整体性表演较差，表现力一般，感召力一般，动作技术应用较合理。

12~13分：能顺利完成全套动作，编排整体配合一般。

11分以下：队形编排不合理。

（二）第二学期

1. 成绩评定分值结构

（1）理论知识：10分。

（2）身体素质：10分。

（3）平时成绩：20分。

（4）技术部分：60分。

2. 考核内容与评分标准

（1）理论知识：10分。

（2）身体素质：10分。

1分钟仰卧起坐或1分钟跳绳，评分标准见下表：

1分钟仰卧起坐（次）	52	45	41	36	28	27	26	25	23	21
得分	10	9	8	7	6	5	4	3	2	1

1分钟跳绳（次）	190	142	118	94	70	66	59	53	44	35
得分	10	9	8	7	6	5	4	3	2	1

（3）平时成绩：20分。

从学生上课出勤情况与学习态度两方面进行综合评分。学习态度指学生课堂表现是否积极、认真以及学习进步程度情况；出勤情况评分标准为迟到一次扣2分，早退一次扣3分，旷课一次扣5分，扣完平时成绩分数为止。

（4）技术部分：60分。具体评分标准如下。

① 踏板操爵士组合评分标准：40分。

36~40分：整体表演流畅、主题鲜明，有朝气、有特色，动作表演到位、有力度，表演有很强的感染力和震撼力。

32~35分：整体动作表演比较流畅，节奏感较强，表现力较好。

28~31分：动作表演不流畅，节奏感不强，感召力一般。

24~27分：能独立完成全套动作。

23分以下：不能独立完成全套动作。

② 学生自编踏板操评分标准：20分。

18~20分：全套动作顺利、流畅，整体协调性强，动作一致，节奏感强，感召力强，动作规范，符合踏板操创编的技术性原则，合理利用所学知识。

16~17分：全套动作顺利、流畅，整体协调性较强，动作较一致，节奏感较强，感召力较强，动作规范，符合踏板操的技术性原则。

14~15分：符合踏板操创编的技术性原则，能顺利完成全套动作，动作整体性表演较差，表现力一般，感召力一般，动作技术应用较合理。

12~13分：能顺利完成全套动作，整体配合一般。

11分以下：动作编排不合理。

踏板操教学大纲（范例二）

一、课程性质与任务

（一）课程性质

踏板操是一项集体操，是集健美操、舞蹈、音乐、各种技巧动作于一体，通过队形变换以及队员综合素质的体现，渲染赛场气氛的一种体育运动形式，是力与美的完美结合，是团队精神的高度体现。

（二）课程任务

通过踏板操课程的学习及训练，使学生系统掌握踏板操的基本知识与技能，培养学生的韵律感和表现力，更好地达到健体塑身的目的。

本课程还是一门社团课程，除了按教学计划进行踏板操基础技术和表演技巧的学习，还将进行团队表演训练，从而能够在校内外大型活动中进行礼仪活动或表演。

二、课程教学目标

1. 通过踏板操的学习能科学地进行体育锻炼，提高自己的运动能力。

2. 基本形成终身体育的意识，能够运用踏板操制订可行的个人锻炼计划。

3. 能初步创编和组织简单的踏板操表演。

4. 在有氧运动中学会调节自己的情绪；表现出良好的体育道德和合作精神；正确处理竞争与合作的关系。

三、教学内容与基本要求

一学期教学内容与基本要求

<table>
<tr><th></th><th>名称</th><th>教学内容</th><th>基本要求</th></tr>
<tr><td rowspan="2">每一个学期</td><td>专项理论</td><td>1. 踏板操概述
2. 踏板操的比赛规则</td><td>1. 了解踏板操的起源、形式、规则
2. 科学地进行学习和锻炼，提高运动能力
3. 学会欣赏和自编踏板操表演</td></tr>
<tr><td>实践技术</td><td>1. 专项素质训练
（1）踏板操的基本步法
（2）踏板操的基本手臂动作
（3）身体各部位拉伸及各种步法、跳步等练习
2. 《全国踏板操规定套路》</td><td>这是教学的主要部分，也是技术考核内容。成套中每个8拍都要求讲解清楚，动作规范，最终要求学生能够独立、熟练地完成成套动作，同时以团队合作为主创编</td></tr>
</table>

四、考　核

（一）考核内容

序号	考核内容	分值
1	踏板操技术考核	30
2	学生创编健身踏板操考核	20
3	达标素质考核	30
4	平时成绩	20
总分		100

（二）评分方法

1. 踏板操成套动作考试评分方法

均以百分制评分。根据成套动作具体情况确定每节操的分值，从完成质量（准确、力度、幅度）、熟练性（有无停顿、与音乐配合情况）、表现力等方面酌情减分。

90~100分：能熟练掌握动作套路，动作美观、有力度、幅度大、乐感好，有充分的表现力、效果好。

80~89分：能熟练掌握动作套路，动作美观，但力度稍差，乐感好，但表现力稍差，允许小错误动作在两次以内。

70~79分：能熟练掌握动作套路，动作美观性稍差，力度一般，乐感好，但表现力一般，小错误动作在三次以内。

60~69分：能熟练掌握动作套路，动作的美观性和力度较差，乐感较差，小错误动作在四次以内。

60分以下：不能独立掌握动作套路。

2. 学生创编踏板操评分方法

按照创编的具体要求，从队形变换、动作技术规格、表现力、整体效果等方面评分。采用教师与学生共同评分的方式。

3. 平时成绩评分方法

学生的学习评价应是对踏板操学习效果和过程的评价，评价中应淡化甄别、选拔功能，强化激励及发展功能，把学生的进步幅度纳入评价内容。

五、学时分配

序号	内容	第一学期
1	专项理论	2
2	专项技术、专项素质	18
3	素质达标测试	4
4	机动	2
5	考试	2
6	合计	28

第二节　踏板操教学进度编写范例

踏板操课教学计划

周次	内容
1	选项分班：介绍本学期教学内容及考核方法 专项理论：踏板操与健美操的联系与区别
2	1. 介绍踏板操音乐 2. 基本步法介绍与练习
3	1. 热身组合练习 2. 学习踏板操套路1~8八拍
4	1. 复习踏板操套路1~8八拍 2. 学习踏板操套路9~16八拍
5	1. 复习踏板操套路1~16八拍 2. 专项素质练习
6	1. 学习踏板操套路17~24八拍 2. 专项素质练习
7	1. 复习踏板操套路17~24八拍 2. 学习踏板操套路24~32八拍
8	机动
9	1. 复习踏板操套路24~32八拍 2. 素质练习
10	1. 学习踏板操套路32~38八拍 2. 素质：立定跳远测试
11	素质：800米测试
12	复习踏板操整套动作
13	踏板操套路考试
14	各项补考

快乐踏板操

教学进度表

课 次	教 学 内 容
1	1. 理论：体育的概念与功能 2. 我校体育工作概况及体育课有关规定 3. 介绍本学期上课内容及要求。 4. 《体质健康标准》测试的重要性、测试项目和方法。
2	学习踏板操基本动作
3	学习踏板操第一段
4	1. 复习踏板操第一段动作 2. 学习踏板操第二段动作
5	1. 复习踏板操第二段动作 2. 学习踏板操第三段动作
6	1. 复习踏板操第三段动作 2. 学习踏板操第四段动作
7	1. 复习踏板操四段动作 2. 柔韧素质练习
8	1. 学习踏板操第五段动作 2. 耐力素质练习
9	1. 复习踏板操第五段动作 2. 学习踏板操第六段动作
10	1. 复习踏板操第六段动作 2. 学习踏板操第七段动作
11	1. 复习踏板操第七段动作 2. 学习踏板操第八段动作
12	1. 复习踏板操成套动作 2. 力量素质练习
13	考试：踏板操成套
14	理论：步法变化原则
15	学生自编组合，教师随堂指导
16	考试：学生自编组合
17	补缺补差

第三节　踏板操教案编写范例

踏板操教案（范例一）

<table>
<tr><td colspan="2">班级：</td><td>人数：</td><td>时间：</td></tr>
<tr><td colspan="2">教学内容</td><td colspan="2">1. 复习踏板操基本步法
2. 学习规定套路操化内容
3. 素质练习</td></tr>
<tr><td colspan="2">教学目标</td><td colspan="2">1. 认知目标：通过介绍踏板操运动把健康和终身体育密切相联系，引导学生明白体育锻炼习惯和终身体育的道理，实现学生身体、心理、社会的整体健康
2. 技能目标：通过学习与练习，熟练掌握踏板操的预备节及第一至第四个八拍操化内容；提高学生的协调性，发展学生的柔韧素质和灵敏素质
3. 情感目标：通过教学，培养学生的组织纪律性和集体主义观念；促进身体全面均衡地发展，有效地增强学生的体质，养成良好的身体姿势，健美体形；提高学生的思想素养，培养学生良好的道德情操和勇敢、果断、顽强的心理品质</td></tr>
<tr><td colspan="2">教学重点</td><td colspan="2">不同种类的步法运动和幅度的控制</td></tr>
<tr><td colspan="2">教学难点</td><td colspan="2">步法运动的方式、速度、力度的控制</td></tr>
<tr><td colspan="2">教学方法与教具</td><td colspan="2">教法：讲解示范法、纠错法、分组练习法、提示练习法、分解练习法
教具：光盘1张、 CD机1台</td></tr>
<tr><td>课的部分</td><td>时间</td><td>教学内容</td><td>教学组织与要求</td></tr>
<tr><td>开始部分</td><td>2分</td><td>课堂常规
（1）体育委员整队，检查人数，向老师报告
（2）师生问好
（3）宣布本节课的教学内容与要求
（4）检查着装，安排见习生</td><td>组织：××××××××××
××××××××××
××××××××××
××××××××××
○
▲
×——学生
○——体委
▲——教师
教法：
1. 声音洪亮
2. 精神饱满
3. 注重仪表
4. 语言亲切
要求：快、静、齐</td></tr>
</table>

续表

准备部分	10分	1. 慢跑两圈 2. 徒手操 （1）头部运动 （2）肩部运动 （3）体转运动 （4）腹背运动 （5）弓步压腿 （6）侧压腿 （7）膝关节运动	组织：绕田径场慢跑两圈（250米×2） 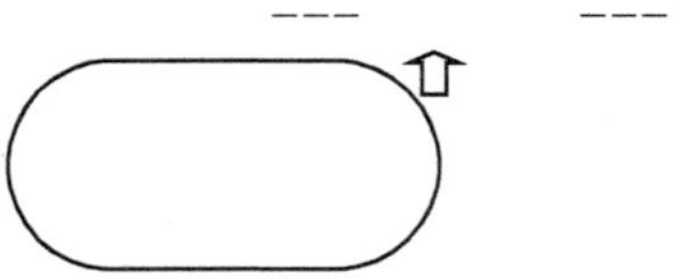 要求：体委带领，精神饱满，队伍整齐 组织：四列横队成体操队形散开 × ▲ 要求：认真练习，动作规范 组织：四列横队听口令练习 教法： （1）教师用口令指挥学生进行练习 （2）口令提示完成动作要点 要求：认真听教师讲解动作要领及要求，集中注意力练习
基本部分	30分	1. 复习踏板操基本步法 2. 学习踏板操规定套路四个八拍操化内容 详见：第三章第二节快乐踏板操基本套路学习	教法：教师口令及动作提示，学生迅速做出相应步法 组织： 四列横队成体操队形散开 × ▲ 技术要点： （1）不同种类步法的组合切换 （2）姿态端正，动作协调自然

续表

<table>
<tr>
<td></td>
<td></td>
<td></td>
<td>组织：四列横队成体操队形散开
× × × × × × ×
× × × × × × ×
× × × × × × ×
× × × × × × ×
▲

教法：
（1）教师讲解示范指导练习
（2）学生练习
（3）教师纠错指导学生练习
（4）学生练习

要求：
（1）教师讲解清楚，示范正确，纠错及时
（2）学生认真听讲，注意观察，认真练习

难点及易犯错误：
（1）新授课学生对操化感觉接触陌生
（2）学习内容较多，易混淆
（3）学生做动作力度和速度达不到
（4）动作到位后没有控制

应对策略：
（1）单一动作加强练习，形成动作自动化
（2）采用竞赛法和分组练习法引导学生
（3）单一动作制动和力度的强调练习

组织：　四列横队成体操队形散开
× × × × × × ×
× × × × × × ×
× × × × × × ×
× × × × × × ×
▲</td>
</tr>
<tr>
<td>结束部分</td>
<td>3分</td>
<td>拉伸练习：
（1）肩部拉伸练习
（2）体侧拉伸联系
（3）腹背拉伸练习
（4）膝踝关节拉伸练习

集合整队，课后小结

宣布下课，师生再见</td>
<td>要求：认真练习
组织：
×××××××××
×××××××××
×××××××××
×××××××××
▲
要求：快、静、齐</td>
</tr>
<tr>
<td>心率负荷图（略）</td>
<td>时间</td>
<td>课的密度</td>
<td>课的密度：
练习密度：
最高心率：______次/分
平均心率：______次/分</td>
</tr>
</table>

踏板操教案（范例二）

<table>
<tr><td colspan="2">班级：</td><td>人数：</td><td>时间：</td></tr>
<tr><td colspan="2">教学内容</td><td colspan="2">1. 游戏“贴膏药”
2. 复习全国踏板操规定套路操化内容</td></tr>
<tr><td colspan="2">教学目标</td><td colspan="2">1. 认知目标：通过介绍踏板操运动把健康和终身体育密切相联系，引导学生明白体育锻炼习惯和终身体育的道理，实现学生身体、心理、社会的整体健康
2. 技能目标：通过学习与练习，熟练掌握全国踏板操规定套路操化内容，提高学生的协调性，发展学生的柔韧素质和灵敏素质
3. 情感目标：通过教学，培养学生的组织纪律性和集体主义观念；促进身体全面均衡地发展，有效地增强学生的体质，养成良好的身体姿势，健美体形；提高学生的思想素养，培养学生良好的道德情操和勇敢、果断、顽强的心理品质</td></tr>
<tr><td colspan="2">教学重点</td><td colspan="2">不同类型步法学习和姿态控制</td></tr>
<tr><td colspan="2">教学难点</td><td colspan="2">步法的速度、力度、角度的控制</td></tr>
<tr><td colspan="2">教学方法与教具</td><td colspan="2">教法：讲解示范法、纠错法、分组练习法、提示练习法、分解练习法
教具：踏板30块、光盘1张、CD机1台</td></tr>
<tr><td>课的部分</td><td>时间</td><td>教学内容</td><td>教学组织与要求</td></tr>
<tr><td>开始部分</td><td>2分</td><td>课堂常规：
（1）体育委员整队，检查人数，向老师报告
（2）师生问好
（3）宣布本节课的教学内容与要求
（4）检查着装，安排见习生</td><td>组织
××××××××××
××××××××××
××××××××××
××××××××××
○
▲
×——学生
○——体委
▲——教师

教法：
（1）声音洪亮
（2）精神饱满
（3）注重仪表
（4）语言亲切
要求：快、静、齐</td></tr>
</table>

续表

准备部分	10分	1. 慢跑两圈 2. 徒手操 （1）头部运动 （2）肩部运动 （3）体转运动 （4）腹背运动 （5）弓步压腿 （6）侧压腿 （7）膝关节运动	组织：　绕田径场慢跑两圈（250米×2） 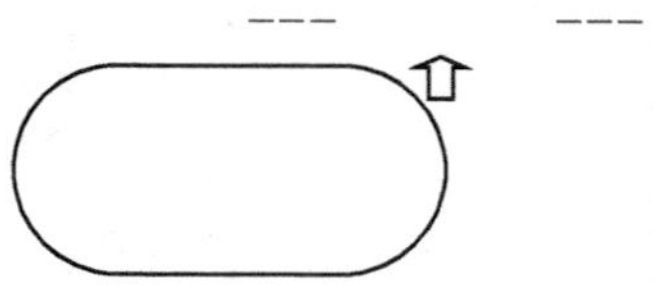 要求：体委带领，精神饱满，队伍整齐 组织：四列横队成体操队形散开 ×　×　×　×　×　×　× ×　×　×　×　×　×　× ×　×　×　×　×　×　× ×　×　×　×　×　×　× ▲ 要求：认真练习，动作规范 组织：四列横队听口令练习 教法： （1）教师用口令指挥学生进行练习 （2）口令提示完成动作要点 要求：认真听教师讲解动作要领及要求，集中注意力练习
基本部分	30分	1. 游戏“贴膏药” 规则：全体学生站成单层圆形，选出2人作为领头人，1人逃，1人追，逃者贴到谁，谁就成为新的逃者，逃者不能跑出圆圈2米以外，否则算被抓住 2. 复习全国踏板操规定套路内容。 （1）逐一八拍进行巩固性复习 技术要点： ①不同种类步法的衔接 ②姿态要求协调自然 （2）串联全部动作 （3）配合音乐进行练习	学生活动： （1）认真听老师讲解游戏规则 （2）认真完成游戏 教师活动： （1）教师讲解游戏规则 （2）教师引导与帮助学生开展游戏 组织：全体学生站成两个单层圆形分别进行 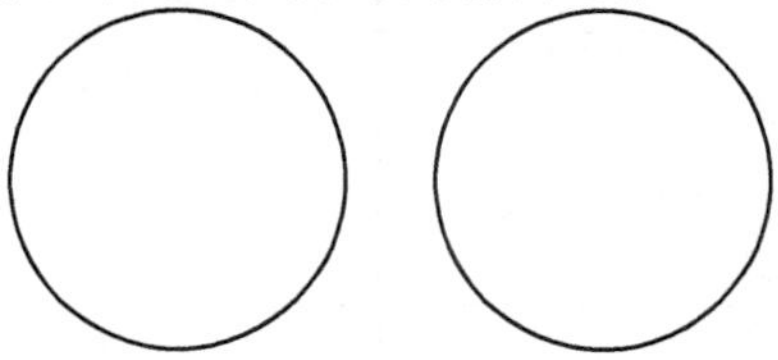 要求：游戏中按照规则进行 教法：教师口令及动作提示，学生熟练地做出相应拍节动作 组织：　四列横队成体操队形散开 ×　×　×　×　×　×　× ×　×　×　×　×　×　× ×　×　×　×　×　×　× ×　×　×　×　×　×　× ▲

续表

			教法： （1）教师口令提示 （2）学生练习 （3）教师纠错指导学生练习 （4）学生练习 要求： （1）教师口令清晰，纠错及时 （2）学生认真听讲，注意观察，认真练习 难点及易犯错误： （1）操化内容过多，学生不能连贯展示 （2）学生做动作力度和速度达不到 （3）动作到位没有控制 应对策略： （1）几个八拍形成段落练习记忆 （2）单一动作制动和力度的强调练习 难点及易犯错误：跟不上节奏，抢拍或者慢拍 应对策略：八拍口令练习加快节奏过渡
结束部分	3分	拉伸练习： （1）肩部拉伸练习 （2）体侧拉伸联系 （3）腹背拉伸练习 （4）膝踝关节拉伸练习 集合整队，课后小结 宣布下课，师生再见	组织：同上 要求：认真练习 组织： × ▲ 要求：快、静、齐
心率负荷图（略）	时间	课的密度	课的密度 练习密度 最高心率：_______次/分 平均心率：_______次/分

踏板操教案（范例三）

<table>
<tr><td colspan="2">班级：</td><td>人数：</td><td>时间：</td></tr>
<tr><td colspan="2">教学内容</td><td colspan="2">1. 复习第五至第八个八拍操化内容
2. 学习第九至第十二个八拍操化内容
3. 素质练习</td></tr>
<tr><td colspan="2">教学目标</td><td colspan="2">1. 认知目标：通过介绍踏板操运动把健康和终身体育密切相联系，引导学生明白体育锻炼习惯和终身体育的道理，实现学生身体、心理、社会的整体健康
2. 技能目标：通过学习与练习，熟练掌握踏板操的第九至第十二个八拍操化内容。提高学生的协调性，发展学生的柔韧素质和灵敏素质
3. 情感目标：通过教学，培养学生的组织纪律性和集体主义观念；促进身体全面均衡地发展，有效地增强学生的体质，养成良好的身体姿势，健美体形；提高学生的思想素养，培养学生良好的道德情操和勇敢、果断、顽强的心理品质</td></tr>
<tr><td colspan="2">教学重点</td><td colspan="2">步法运动的类型与衔接</td></tr>
<tr><td colspan="2">教学难点</td><td colspan="2">步法的速度、力度、角度的控制</td></tr>
<tr><td colspan="2">教学方法与教具</td><td colspan="2">教法：讲解示范法、纠错法、分组练习法、提示练习法、分解练习法
教具：踏板30块、光盘1张、 CD机1台</td></tr>
<tr><td>课的部分</td><td>时间</td><td>教学内容</td><td>教学组织与要求</td></tr>
<tr><td>开始部分</td><td>2分</td><td>课堂常规：
（1）体育委员整队，检查人数，向老师报告
（2）师生问好
（3）宣布本节课的教学内容与要求
（4）检查着装，安排见习生</td><td>组织：
× × × × × × × × ×
× × × × × × × × ×
× × × × × × × × ×
× × × × × × × × ×
○
▲
×——学生
○——体委
▲——教师

教法：
（1）声音洪亮
（2）精神饱满
（3）注重仪表
（4）语言亲切
要求：快、静、齐</td></tr>
</table>

续表

<table>
<tr><td rowspan="2">准备部分</td><td rowspan="2">10分</td><td>1. 慢跑两圈</td><td>组织：　绕田径场慢跑两圈（250米×2）
要求：体委带领，精神饱满，队伍整齐</td></tr>
<tr><td>2. 徒手操
（1）头部运动
（2）肩部运动
（3）体转运动
（4）腹背运动
（5）弓步压腿
（6）侧压腿
（7）膝关节运动</td><td>组织：　四列横队成体操队形散开
× × × × × × ×
× × × × × × ×
× × × × × × ×
× × × × × × ×
▲
要求：认真练习，动作规范

组织：四列横队听口令练习
教法：
（1）教师用口令指挥学生进行练习
（2）口令提示完成动作要点
要求：认真听教师讲解动作要领及要求，集中注意力练习</td></tr>
<tr><td>基本部分</td><td>30分</td><td>1. 复习第五至第八个八拍操化内容

2. 学习第九至第十二个八拍操化内容

3. 素质练习
（1）两臂前平举，五指迅速发力弹开后迅速握紧，重复练习，每组50次，做2组
（2）两臂侧平举，五指并拢，控制用力迅速并于体侧后再次控制用力回到侧平举（过程中可加至前平举再成侧平举）每组30次，做2组</td><td>教法：教师口令及动作提示
学生迅速做出步法

组织：　四列横队成体操队形散开
× × × × × × ×
× × × × × × ×
× × × × × × ×
× × × × × × ×
▲

技术要点：
（1）步法与音乐节奏相吻合
（2）姿态要求端正、自然、协调

组织：　四列横队成体操队形散开
× × × × × × ×
× × × × × × ×
× × × × × × ×
× × × × × × ×
▲

教法：
（1）教师讲解示范指导练习
（2）学生练习
（3）教师纠错指导学生练习
（4）学生练习</td></tr>
</table>

续表

<table>
<tr><td></td><td></td><td></td><td>要求：
（1）教师讲解清楚，示范正确，纠错及时
（2）学生认真听讲，注意观察，认真练习

难点及易犯错误：
（1）新授课学生对操化感觉接触陌生
（2）学习内容较多，易混淆
（3）学生做动作力度和速度达不到
（4）动作到位没有控制

应对策略：
（1）单一动作加强练习，形成动作自动化
（2）采用竞赛法和分组练习法引导学生
（3）单一动作制动和力度的强调练习

组织：　四列横队成体操队形散开
× × × × × × ×
× × × × × × ×
× × × × × × ×
× × × × × × ×
▲
教法：
（1）教师口令指导
（2）学生练习
要求：教师讲解清楚，学生认真练习
难点及易犯错误：完成动作质量不高
应对策略：
（1）语言和肢体上给学生加油鼓劲
（2）采用竞赛法和分组练习法引导学生</td></tr>
<tr><td>结束部分</td><td>3分</td><td>1. 拉伸练习：
（1）肩部拉伸练习
（2）体侧拉伸练习
（3）腹背拉伸练习
（4）膝踝关节拉伸练习
2. 集合整队，课后小结
3. 宣布下课，师生再见</td><td>组织：同上

要求：认真练习

组织：
×××××××××
×××××××××
×××××××××
×××××××××
▲
要求：快、静、齐</td></tr>
</table>

附：快乐踏板操竞赛规定动作评分规则

总　则

一、定　义

快乐踏板操是团体（8~12名参赛运动员：男子、女子、男女混合），在音乐的配合下，运用操化动作并在成套动作中插入至少32拍的第二种风格元素，如萨尔萨舞、嘻哈舞、探戈、方克、霹雳舞、爵士、街舞、弗朗明哥舞等，结合难度动作、托举动作等，体现团队配合、有节奏舞动的有氧运动。成套动作必须包含不同根命组的2个难度动作，分别从评分规则的C组和D组中选取，也可以将其他类动作（未被过度使用）恰当地融入创编当中。

二、参赛项目与人数

快乐踏板操：8～12名运动员（男子、女子、男女混合）。

三、年　龄

参赛当年满7周岁。

四、成套动作时间

1分30秒（± 5秒）。

五、比赛场地

12米×12米的健美操比赛场地。

六、音　乐

任何适合快乐踏板操运动的音乐风格均可被采用。

七、着装要求

· 运动员着装，不允许与男单、女单、混双、三人以及集体五人项目的着装相同。

· 紧身服和上下连体、分体的紧身衣裤（长裤、紧身裤、短裤与配套的紧身上衣）是允许的。

· 不得露出内衣。

· 参赛队员之间服装允许存在差异但应保持和谐。

· 不允许穿着较大（宽松）的服装。

· 参赛队员必须穿着健美操专用鞋或运动鞋。

· 头发必须束绑，并露出额头。为保证表演效果，可系马尾或者其他造型，但不得披散，并不可过度使用头饰（例如悬垂物）。

· 不得佩戴任何首饰，包括小的耳钉。

· 不允许使用附加器械（管、棒、球等），以及配饰（皮带、背带、衣带等）。

· 禁止穿以描绘战争、暴力、宗教信仰为主题的服装。

· 男运动员衣着不允许有亮片。

八、托　举

· 成套动作中必须出现1次托举。

· 定义：是指1名或多名运动员被托、举，并且离开地面，展示出准确的身体形态。

· 托举可以是运动员的任意组合形式。

· 站立托举时（例如：一人托两人），底座和尖子在手臂均伸直（在垂直位置）的情况下，托举不得超过两个人的高度。

· 允许运动员以任意组合形式完成托举。

· 违例动作允许在托举中出现。

· 禁止抛接动作。

· 成套动作将其他体操类动作（未被过度使用）恰当地融入编排中。

九、技　巧

· 可以单人、部分或者全部运动员完成不限次数的技巧动作（同时完成相同或者不同技巧动作，计算为1次；依次完成相同或者不同技巧动作，计算为2次）。

· 运动员不允许将连续的2个技巧动作作为一次技巧组合，无论是单人或者集体。

例如：踺子+小翻+空翻=减分

踺子+空翻=减分

单独完成踺子、空翻、手翻、软翻等=不减分

· 技巧动作中出现2个以上技巧组合动作：每次减0.5分。

十、裁　判

裁判长1名，难度裁判2名，艺术裁判4名，完成裁判4名，视线员2名，计时员1名。

艺 术

一、评分标准：成套创编（复杂性和创新性）

（一）音乐和乐感（1分）

1. 音乐的选择

运动员可以选用任何适合快乐踏板操的音乐。一首优质音乐的选择有助于构建成套动作的结构与节奏，也有利于动作主题的表达。它在难度动作表现与动作完成质量方面也起到支持与促进的作用。成套动作与音乐的风格必须和谐一致。

就第二种风格而言，建议使用不同于主题的音乐以达到具有辨识度的不同风格效果。

2. 创编和结构

成套音乐的剪辑技巧必须完美，不同音乐的剪接必须完整、连贯，有清晰的开始和结束，巧妙地运用动效（如果被选用），不管是否使用整八拍乐段，必须尊重音乐原有结构给人留下流畅自然、完整统一的感觉。成套音乐的录制与合成必须达到专业水准。

在第二种风格中，不同的音乐将被使用，所选音乐必须是具有清晰辨识度、不同于主题风格并且被完美剪辑的32拍音乐。

3. 音乐的运用（乐感）

乐感是运动员的一种能力或运动员诠释对音乐的理解，展示音乐的节拍与速度，同时运用肢体语言展现音乐的流动性、结构、强度以及激情的能力。

所有动作必须与所选择的音乐完美统一。

成套动作的风格必须与音乐的理念和谐一致。

动作的设计必须与音乐的结构（节奏、节拍、重拍和乐段）以及时间一致。

第二种风格必须被完美诠释。

注：不允许修改规定套路音乐，包括第二风格部分。

（二）操化内容（2分）

操化内容将通过成套中的操化动作来评定。

1. 复杂性、多样性

为使快乐踏板操区别于普通舞蹈套路，操化组合的展示将贯穿成套动作中。操化动作是快乐踏板操及其主要（最重要的）表现特点的基础。

操化动作必须包括一连串多样化的步法与手臂的动作组合，运用基本步法演绎出具备高水平身体协调能力、可辨识的、连续的复杂组合动作。

2. 创新性

操化动作必须有助于增进表演效果，同时尊重竞技健美操的本质特征。

操化动作必须与成套主题和音乐风格密切相关。在没有丢失创编风格的前提下，每个手臂动作必须有其存在的理由。头部和躯干部位的运用可在动作编排中出现。

建议充分发挥创编想象力，展示出高水准操化动作的创新性，尤其在音乐风格及重音的使用方面，但不允许重复，并以体育方式展现。第二种风格必须明显区别于其他创编部分，展示出高度的创新性。

3. 强　度

强度用于衡量成套动作的能力与活力，大部分成套强度取决于操化动作。因此，操化动作的展示不能有任何不必要的停歇，并且从始至终以充沛的能量与活力保持高强度的运动水平。但这并不意味着用慢跑的方式使用比赛场地。

如果与音乐或者创编风格匹配，短暂的停止是允许的（不超过四拍）。

在第二种风格中，并不需要高强度的动作展示，强度的大小可以依据创编风格而定。

（三）主体内容（2分）

主体内容的评判包括以下几点：

· 第二种风格的动作。

· 过渡、连接。

· 配合。

· 托举。

· 难度。

· 其他类别动作（如果包含）。

将根据以下标准对以上动作进行评定。

1. 复杂性、多样性

由多个相关联部分组成的操化动作非常复杂，表演难度较大，应该给予高度的嘉奖。选用复杂动作的运动员将会从中受益。

评价成套动作的多样性，艺术裁判将从无重复动作、相同或相似类型动作等方面进行评定。其中包括不同的动作，不同的形式以及不同的动作种类、体能。

2. 创新性

一套具有创新性的成套动作必须展现出新思想、新形式、新含意、原创性、先进性，避免拷贝和单调，同时充分结合音乐以及完美的完成，使成套动作展现独一无二的创造性。

3. 创编主题和思想的独创性

· 创编理念与主题选择的独创性。

· 使用其他类别动作的独创性。

4. 流畅性

动作之间的连接必须平滑、流畅。

成套动作中的所有动作连接必须没有任何不必要的停顿，运动员要灵活、轻松、流畅地完成，不能表现出疲乏（劳累或犹豫）或完成困难。

注：自行创编成套开始部分2×8拍以及结束部分2×8拍；托举内容可完成原规定套路，亦可自行进行创编完成（但成套中托举的拍节不可改变）。

（四）队形与空间的利用（2分）

在完成成套动作均衡、流畅的表演路线过程中必须有效地利用比赛场地。路线必须展现所有方向和距离。

1. 路　线

运动员利用操化动作单元对比赛空间进行均衡使用（不仅仅以跑步或慢跑的形式）。

在整个成套中，路线必须展现所有方向（向前、向后、横向、对角线、弧线）和距离（短或长距离），尽量不重复路线与轨迹。

分配与均衡：所有成套动作路线必须在赛场空间内合理分布。整个比赛场地必须通过均衡创编被有效利用（不仅仅是比赛场地的各个角落和赛场中心）。

2. 队　形

队形包括搭档之间的位置以及改变位置到另一个队形或保持队形的方式，或者当运动员在做操化等动作时改变位置到另一队形的方式。

在成套动作中，不同的队形、队员间不同的位置必须被展示（包括队员间由远及近的距离）。

队形的变换应该具有流畅性，队形应展现出原创性和复杂性。

注：创编并完美流畅地展现成套中全部队形，所创编的队形数量，应至少出现8次及以上（相同或者相似的队形变化，视为1次）队形变化。

3. 空　间

成套中的空间利用具体可以表现为：

·动作频率变化，即改变原有动作节奏，以表现出更加新颖、独特的空间变化形式。

·动作结构变化，即成套动作完成时，部分运动员保持原套路内容不变，另一部分运动员在同一时间段可依次或者改变动作先后顺序（每次不超过1×8拍）；可以是规定套路内容亦可是成套自编部分（难度动作除外），艺术性、流畅性地展现出空间层次的变化，但整体内容的主题、风格、节拍应协调、统一。

（五）艺术性（3分）

艺术性是一种运动员将一套完整成套动作转换成具有艺术性表演的能力。因此，成套动作中团队所有成员除了完美完成动作以外，还必须展示表现力以及团队合作关系。

1. 质　量

参赛者必须通过高质量（清晰、敏锐）的动作完成给人留有动作干净的印象。动感的印象适于快乐踏板操。

2. 表现力

表现力指一个团队以怎样的方式向裁判与观众展示自己的能力。运动员比赛态度与丰富情感的抒发不仅仅通过面部表情，还可以通过运动员的身体动作。运动员通过表演将“展示”动作风格和与其他队员相互协调的能力，以及在完成高难度或复杂动作时控制或调整表现力的能力；在运用表现力时，能将动作与创编转换成一个非凡的艺术整体的能力。

3. 团队协作

团队协作是展示过程中，队员之间的“配合”或可触的（可视或可触碰的）关系（一个眼神，一个巧妙的接触，完成动作完美一致，相互之间的信任）。在维持这种关系的情况下，运动员独立或合作完成动作的能力。运动员必须突出团队协作，展示出一个团体不同于个人的优越性，展现出一场单项运动员所无法呈现的表演，从而感染观众及评委。

二、评　分

艺术评分标准

标准	不可接受	差	满意	好	很好	优秀
音乐、乐感	0.5	0.6	0.7	0.8	0.9	1.0
操化内容	1.0~1.1	1.2~1.3	1.4~1.5	1.6~1.7	1.8~1.9	2.0
主体内容	1.0~1.1	1.2~1.3	1.4~1.5	1.6~1.7	1.8~1.9	2.0
空间、队形	1.0~1.1	1.2~1.3	1.4~1.5	1.6~1.7	1.8~1.9	2.0
艺术性	1.5~1.7	1.8~2.0	2.1~2.3	2.4~1.6	2.7~2.9	3.0

完　成

完成分总共10分，评分由技术技巧及一致性两部分内容组成。

一、技术技巧（7分）

运动员所需展示的能力：力量、爆发力、柔韧性以及完美完成成套动作的能力。

（一）体能：形态、身体姿态、标准姿态

· 维持正确和标准身体姿态的能力。

· 对身体各部位的控制能力。

（二）准确性：力量、爆发力、柔韧性

· 展示力量和爆发力。

· 展示柔韧性。

（三）完成分减分：完成分减分由以下几方面组成

小错误：0.1分。

中错误：0.2分。

大错误：0.3分。

不可接受错误或失误：0.5分。

二、一致性（3分）

· 完成所有动作的一致性：每次减0.1分。

· 一致性最多减3分。

· 每个动作须有明确的开始和结束姿势。

· 每段成套动作必须展示完美的身体控制能力。

一致性减分	
每次	0.1分
成套	最多3.0分

难　度

难度动作将依据《竞技健美操评分规则》的附录II予以评定：

· 成套中所选难度动作不可超过0.3分。

· 成套不设难度分计算，所做的难度动作只作为成套动作的素材。

· 所有参赛选手必须同时完成相同难度动作。

· 难度不能以组合形式出现。

· 成套中难度减分将依据竞技健美操评分规则予以计算。

难度减分：

· 成套中规定的难度动作数量不足，每缺少1个减 0.2分。

· 成套中难度以组合形式出现，每次减0.2分。

· 成套中难度分值超过0.3分，每次减0.2分。

裁判长

裁判长减分将根据以下内容执行：

出界	每人、每次0.1分
不当着装	每次0.2分
动作中断（所有参赛运动员）2~10秒	每次0.2分
时间偏差	0.2分
时间错误	0.5分
20秒内未出场	0.5分
超过60秒未出场	取消资格
无托举动作或超过1个托举动作	每次0.5分
技巧动作中出现技巧组合动作	每次0.5分
违例托举（抛接）	每次0.5分
托举的高度超过两个人站立的高度	每次0.5分
参赛人数不足或者超过规定数量	每人次0.5分
违背奥林匹克精神和评分道德	2.0分
终止比赛（完成部分不足1分钟，视为短成套）	2.0分
出现在禁止场地，不适当的举止、形态	警告
在颁奖仪式上未穿比赛服（参见《技术规程2012》中《艺术》部分条款10.4）	警告
弃权	取消资格
严重违反国际体联章程、技术规程或评分规则	取消资格

北京联合大学“高参小”项目

快乐踏板操

唐红斌　步建军　主编

北京体育大学出版社

策划编辑：吴　珂
责任编辑：吴　珂
责任校对：凯　瑞
版式设计：李　鹤

图书在版编目（CIP）数据

快乐踏板操 / 唐红斌，步建军主编. -- 北京：北京体育大学出版社，2018.6
ISBN 978-7-5644-2949-2

Ⅰ. ①快… Ⅱ. ①唐… ②步… Ⅲ. ①健美操－小学－教材 Ⅳ. ①G624.81

中国版本图书馆CIP数据核字(2018)第133183号

快乐踏板操 **唐红斌　步建军　主编**

出版发行：北京体育大学出版社
地　　址：北京市海淀区农大南路1号院2号楼4层办公B-421
邮　　编：100084
网　　址：http：//cbs.bsu.edu.cn
发 行 部：010-62989320
邮 购 部：北京体育大学出版社读者服务部 010-62989432
印　　刷：北京虎彩文化传播有限公司
开　　本：710mm × 1000mm　　1/16
成品尺寸：170mm × 240mm
印　　张：6.75
字　　数：122千字
版　　次：2018年6月第1版
印　　次：2019年11月第1次印刷
定　　价：30.00元

本书如有印装质量问题，请与出版社联系调换